VERA SEDA

DIE GIERIGE SKLAVIN

EROTISCHE GESCHICHTEN

BLUE PANTHER BOOKS

blue panther books Taschenbuch
Band 2738
1. Auflage: Juli 2023
2. Auflage: März 2024

Vollständige Taschenbuchausgabe
Originalausgabe

Lektorat: A. K. Frank

Cover:
© krasphoto @ 123RF.com
© charcomphoto @ 123RF.com
Umschlaggestaltung: MT Design
Gesetzt in der Trajan Pro und Adobe Garamond Pro

Printed in Germany
ISBN 978-3-7507-9878-6
www.blue-panther-books.de

INHALT

Die gierige Sklavin
Erotische Geschichten

1. Die Lustsklavin des Schutzherrn . . . 5

2. Als Hure ins Bordell verkauft 83

3. Das versaute Naturtalent . . . . im Internet / 190

Mit dem Gutschein-Code

VS7TBDXQM

erhalten Sie auf **www.blue-panther-books.de** diese exklusive Zusatzgeschichte als E-Book in den Formaten PDF, E-PUB und Kindle. Registrieren Sie sich einfach online oder schicken Sie uns die beiliegende Postkarte ausgefüllt zurück!

Die Lustsklavin des Schutzherrn

Gelja sah abwechselnd zu ihrem Vater und dessen Freund.

»Das… meinst du nicht ernst«, sagte sie kaum hörbar.

»Oh ja, das meine ich genauso, wie ich es gesagt habe, Gelja. Niemand hier in diesem Dorf will ein vorlautes Gör wie dich zum Weib. Kein Mann findet Gefallen an deinem zänkischen Wesen. Du wirst Samuno zum Mann nehmen, oder ich lasse dich auf dem Dorfplatz versteigern«, sagte ihr Vater ernst.

»Das wagst du nicht.« Gelja ging langsam rückwärts. Sie versuchte, die Tür zu erreichen. Drei Schritte noch. Zwei. Langsam tat sie den nächsten Schritt.

Doch Samuno war schneller. Er packte sie grob und zog sie weg von der Tür. In diesem Augenblick öffnete sich diese und einer der Männer, die das Dorf bewachten, trat ein. Er verriegelte rasch die Tür.

»Gelja, du willst doch nicht schon gehen?«, fragte Kagar, der Wächter lachend.

»Lasst mich gehen«, sagte Gelja.

»Wir werden dir Manieren beibringen, Metze«, knurrte Samuno.

Gelja wehrte sich verzweifelt, hörte das Zerreißen von Stoff, spürte kalte Luft an ihrer nackten Haut. Fesseln aus grobem Hanf scheuerten ihre Haut auf, als sie auf den Tisch gefesselt wurde. Ein Knebel dämpfte ihre Schreie, als die ersten Schläge sie trafen.

***

Der Dorfälteste nahm zum dritten Mal den Brief in die Hand und las:

»Daher erwarte ich, dass ich in drei Tagen aus einer Gruppe von fünf Jungfrauen eine wählen kann, die mir als Liebessklavin dienen soll. Damit ist die Schuld des Dorfes für den Schutz, den ich gewähre, getilgt. Nicht einmal die jährliche Pacht an Korn ist in diesem Jahr an mich zu verrichten, wenn ich eine Maid

auswählen kann – denn ich weiß, dass die Ernte in diesem Jahr ärmlich gewesen ist. Stellt mir daher die schönsten eurer Mädchen zur Wahl und seid bereit, wenn ich eine gewählt habe.«

Er schloss die Augen und überlegte, welche Mädchen er auswählen sollte. Niemand würde sich bereit erklären. Aber wie sollte er diese Sache lösen?

Die Tür öffnete sich.

»Kommst du? Die Versteigerung beginnt«, sagte einer seiner Schutzmänner.

»Ich komme ja«, knurrte der Dorfälteste und folgte dem Mann nach draußen.

Es war eher als üblich kalt geworden. Der Wind kam aus Norden und er trieb das abgefallene Laub vor sich her, Trostlosigkeit verkündend. Bald würde Schnee fallen. Die Nächte würden lang und kalt sein. Holz – er musste sich noch Holz aus den Wäldern besorgen, bevor der Schnee fiel. Aber zuvor musste er diese leidliche Sache mit dem Schutzpfand erledigen. Wie sollte er das den Dorfbewohnern beibringen? Wen würden sie wählen, um dem Schutzherrn einen annehmbaren Vorschlag präsentieren zu können? Tief atmete der Dorfälteste durch und richtete sich auf. Die Versteigerung. Richtig. Erst die Versteigerung, dann die Auswahl der Mädchen.

Er sah auf das nackte Mädchen auf dem Dorfplatz. Verdammt, sie war schön. Nackt war sie noch schöner als in ihren alten, fadenscheinigen Gewändern, unter denen sie ihren auffallend wohlgeformten Körper versteckte. Er überlegte kurz, ob er mitsteigern sollte. Seine Gedanken eilten zu seinem Ersparten. *Nein,* sagte sein Kopf. *Ja,* widersprach seine normalerweise müde Männlichkeit.

Nein, entschied er. Diese Frauensperson war nicht fügsam, sondern zänkisch, weshalb sie ja hier feilgeboten wurde. Er wollte keinen Ärger in seinem Haus. Wieder richtete er sich auf. Dann schritt er auf den Dorfplatz.

»Die Versteigerung kann beginnen«, sagte er mit harter Stimme.

Der Dorfälteste sah nun aus der Nähe auf das Mädchen, das zur Versteigerung freigegeben worden war, und musste sich wiederholt eingestehen, dass sie ihm außerordentlich gut gefiel. Ihre Brüste waren voll und die Brustwarzen hatten sich in der Kälte aufgerichtet. Ihre prallen Arschbacken gefielen ihm besonders gut. Würde sie ihm gehören, würde er ihren Hintern versohlen, bis ihre Backen dunkelrot wären. Allein die Vorstellung erregte ihn.

Er blickte in die Augen der umstehenden Männer, die ihren gierigen Blick über die Nackte am Pranger gleiten ließen. Mancher von ihnen rieb seinen Schwanz durch die Hose. Der Dorfälteste war sich sicher, dass diese Versteigerung für den Vater ein gutes Geschäft sein würde.

»Ihr könnt beginnen!«, wiederholte der Dorfälteste. »Wie hoch ist der Ausrufungspreis?«

»Wessen hat sie sich schuldig gemacht, dass sie versteigert wird?«, fragte plötzlich eine dunkle, tiefe Stimme. Alle Dorfbewohner drehten sich um und erstarrten. Mit einem Mal war es still auf dem Dorfplatz, auf dessen Mitte das Mädchen am Pranger stand.

Keiner hatte die Reiter kommen gehört. Man war so intensiv mit der Auktion des Mädchens beschäftigt gewesen, dass niemand aufgepasst hatte, ob jemand Fremdes in das Dorf käme. Der Mann sah in die Runde und erwartete offensichtlich eine Antwort. Neben dem Reiter saßen noch weitere fünf Männer auf ihren Pferden. Soldaten, die ihren Herrn begleiteten. Kalter Wind kam auf und blies nun heftiger über den Platz. Der Herbst war fortgeschritten und brachte frühe Kälte.

Gelja drehte sich ebenfalls in die Richtung, aus der die Stimme gekommen war, und betrachtete den Fremden, der gesprochen hatte. Sein Gesicht war mit einer Maske aus dunklem Leder bedeckt. Er trug schwarze Kleidung. Ein schwarzer Umhang schützte seinen Körper vor dem kälter werdenden Wind.

Gelja fror jämmerlich und zitterte am ganzen Körper. Wie gern hätte sie sich bedeckt, um den Blicken der Männer zu entgehen. Vor diesem Fremden aber fühlte sie sich besonders schmerzhaft gedemütigt, da sie nichts an ihrer Nacktheit ändern konnte.

»Der Schutzherr«, flüsterte jemand. Gelja sah, dass der Dorfälteste aus der Menge trat.

»Seid gegrüßt, Herr«, sagte er verlegen. »Ich... Wir haben Euch nicht so rasch erwartet.«

»Ist dir denn mein Schreiben nicht zugestellt worden?«, fragte der Mann mit der Maske und seine Stimme klang zynisch. Er hatte einen seiner Männer beauftragt, das Schreiben vor drei Tagen direkt zum Dorfältesten zu bringen. Sein Soldat hatte den Auftrag erfüllt.

»Oder hast du verlernt, meine Nachrichten zu lesen?« Er sah auf den alten Mann, den er das Schreiben und Lesen hatte lehren lassen, damit er an das Dorf Aufträge übermitteln konnte.

»Doch, doch, Herr. Aber es gab so vieles zu tun und wie gesagt, ich hatte Euch nicht so rasch erwartet. Noch dazu, wo wir noch keine Wahl getroffen haben, welche Maid wir Euch zuführen werden«, stotterte der Dorfälteste.

»Ich forderte, dass ihr mir fünf Jungfrauen zeigen sollt, von denen ich eine wählen kann.« Die Stimme des Mannes war kalt, wie der Wind, der nun stärker wurde.

»Ja, ja, die Wahl haben wir noch nicht getroffen, welche der fünf...« Der Dorfälteste war verlegen.

»Nun, da ich meine Wahl für heute angekündigt hatte, werde ich heute und hier auswählen. Zeig mir alle Mädchen deines Dorfes«, lautete der Befehl des Schutzherrn.

»Mädchen und Frauen sind bei einer Versteigerung einer Sklavin nicht zulässig. Daher sind alle in den Häusern«, begann der Dorfvorstand verlegen.

»Dann lass sie rufen«, verlangte der Schutzherr ungerührt.

»Wir haben uns gedacht, dass wenn wir Euch vielleicht doch auch wenigstens einen Teil der Lebensmittel geben, die wir Euch jährlich zukommen lassen, Ihr vielleicht die Güte hättet, aus einer kleineren Gruppe zu wählen«, stotterte der Dorfälteste.

»Du willst mir sagen, dass du mir keine Wahl gestattet hättest? Mir, der ich dafür Sorge trage, dass Euer Dorf in Frieden leben kann?« Der Zorn des Maskierten war für alle spürbar. Die Männer, die den Pranger umringten, traten zurück, um den Abstand zum Schutzherrn zu vergrößern.

Gelja, die zwar für die Unterbrechung dankbar war, fror nun so stark, dass ihr Zähneklappern laut über den Dorfplatz klang. Der Maskierte musste das Geräusch gehört haben. Er blickte kurz auf sie und dann wieder auf den Dorfältesten.

»Du hast nicht nur meinem Willen nicht entsprochen, sondern auch noch nicht einmal meine Frage beantwortet. Welches Vergehen hat dieses Weib begangen, dass sie hier nackt dem Meistbietenden angeboten wird?«

»Sie… hat sich geweigert, den Mann, den Ihr Vater für sie als Gemahl ausgewählt hat, anzunehmen.«

Der Maskierte nickte. »Wer ist der Bräutigam?«

»Ich… war der Bräutigam.« Samuno trat humpelnd vor. Seine weißen Haare trug er Nacken zusammengebunden. Er sah tatsächlich stattlich aus, aber sein Alter sprach für sich.

»Weshalb versteigert ihr sie?«, fragte der Maskierte in die Runde.

»Da ich zurückgewiesen wurde, habe ich ihrem Vater auch kein Brautgeld bezahlt. Er will aber nicht leer ausgehen und versteigert sie nun, damit er für diese zänkische Maid noch ein wenig Geld bekommt. Da sie wegen der Versteigerung aus dem Haus geht, braucht er mehr Geld, da sie ja nicht mehr da ist, um für ihn zu arbeiten«, erklärte Samuno.

»Wenn sie dich nicht zum Mann haben will, dann braucht sie doch nicht aus dem Haus zu gehen. Es ist also nicht erforderlich, sie zu versteigern, um sich eine Magd zu leisten, welche die Arbeit des Mädchens übernehmen soll«, sagte der Maskierte. Seine Stimme klang zornig. *Was sollte das hier sein? Waren die Leute in diesem Dorf jetzt völlig verrückt geworden?*

Verwundert blickte Gelja den Fremden an. Das war genau das Argument gewesen, welches sie ihrem Vater genannt hatte.

Da trat ihr Vater vor, um Samuno zu helfen. Er wirkte betrunken, aber nicht so sehr, dass er nicht noch sein Recht verteidigen konnte.

»Ich habe sie satt. Sie ist stolz und zänkisch. Sie widerspricht und ist faul. Ich war froh, dass Samuno sie überhaupt haben wollte. Von den jungen Männern wollte sie keiner«, rechtfertigte er sich.

»Das ist nicht wahr«, fiel ihm Gelja wütend ins Wort. »Bertram wollte mich zur Frau nehmen, aber mein Vater hat ihn verjagt.«

»Habe ich es nicht gesagt? Sie widerspricht und ist ungehorsam«, sagte der Vater.

»Sie ist kämpferisch und … ansehnlich«, sagte der Maskierte nach einer weiteren Betrachtung des nackten Mädchens. Sein Blick wanderte zwischen dem Dorfältesten, Geljas Vater, Samuno und Gelja hin und her, bis er endlich auf der schönen Nackten am Pranger verweilte. Er war beeindruckt von ihrer Haltung, denn trotz der erzwungenen demütigenden Zurschaustellung ihres Körpers stand sie aufrecht vor ihm. Nicht nur ihre Haltung faszinierte ihn. Sie bot einen äußerst appetitlichen Anblick. Ihr rötliches Haar passte gut zum Grün ihrer Augen. Ihre Haut war hell und zart. Sein Blick glitt über sie. Ihre Scham war tatsächlich haarlos. Man hatte ihm berichtet, dass dies bei Frauen im Orient üblich sei. Aber noch nie hatte er dergleichen gesehen. Seine Männlichkeit reagierte sofort und er fühlte, dass sein Geschlecht hart wurde.

Ihr Körper war tatsächlich verlockend. Ihre langen Beine mündeten in einem entzückenden Hintern, den zu berühren es ihn reizte. Und ihre Brüste! Sie waren voll, aber keineswegs zu groß. Er würde sie mit seinen Händen gut umfassen können, ging es ihm durch den Kopf. Wie würden sich diese harten Brustspitzen anfühlen, die ihm nun so keck entgegen ragten? Wie sie wohl reagierte, würde er daran saugen?

Als er sah, wie sehr sie fror, ritt er durch die Menge, die vor ihm zurückwich, auf den Pranger zu. Er nahm seinen schwarzen Mantel ab und legte ihn über das Mädchen, das ihm verwundert in die Augen blickte. War da ein Aufblitzen von Dankbarkeit in ihren Augen zu sehen? Aus der Nähe betrachtet war sie noch viel schöner, stellte er fest. Ihre Haut war rein und ohne Narben, wie man es oft unter den Frauen in den Dörfern sah. Das Gesicht war ebenmäßig. Und ihre Lippen! Waren sie so weich, wie sie aussahen?

»Ich möchte, dass du mir erzählst, weshalb du hier stehst und feilgeboten wirst«, sagte er ruhig, aber laut genug, dass jeder es hören konnte.

Gelja senkte den Blick. Obwohl sie nun eingehüllt war, schämte sie sich doch vor diesem Mann.

»Erklär es mir«, forderte er sie noch einmal auf.

»Mein Vater verlangte von mir, dass ich seinen Freund Samuno zum Mann nehmen soll, das ist richtig. Samuno hat vor vier Monaten seine sechste Frau begraben. Es ist im Dorf bekannt, dass er seine Frauen nicht gut behandelte. Er schlug sie und zwang sie, hart zu arbeiten. Ich kann hart arbeiten, Herr, aber ich bin keine Sklavin. Deshalb habe ich mich geweigert, ihn zum Mann zu nehmen. Mein Vater war sehr wütend über meine Weigerung. Er hat … er hat…« Gelja brachte es nicht über die Lippen, dass sie von ihrem Vater wiederholt geschlagen und von Samuno gequält worden war.

»Er hat was?«, fragte der Maskierte nach.

»Er hat…«, sie schloss kurz die Augen und der Schutzherr vermutete, dass das Zittern, das sie eben erfasste, nichts mit der Kälte zu tun hatte.

»Er hat … beschlossen, mich zu versteigern. Das darf er laut Gesetz unseres Dorfes. Samuno kann um mich mitsteigern. So kann er mich noch immer zum Eigentum bekommen. Er braucht mich nicht einmal mehr zu heiraten«, flüsterte sie jetzt.

Der Maskierte betrachtete Gelja aufmerksam. Ungeweinte Tränen blitzten verräterisch in ihren Augen.

»Steigert er mit?«, fragte er ruhig.

Gelja senkte nur den Blick. Tränen tropften nun über ihre Wangen.

Die behandschuhte rechte Hand streichelte über ihre Wange und wischte die Tränen ab.

»Es ist nicht unüblich, dass Männer ihre Frauen schlagen«, sagte der Maskierte streng. »Du solltest dich damit abfinden.«

Gelja nickte.

»Aber es ist nicht wahr, dass mich keiner der jungen Männer genommen hätte, Herr«, sagte Gelja leise. »Mein Vater hat sie nur nie akzeptiert.«

Der Maskierte nickte verstehend und wandte sich an den betrunkenen Mann.

»Du scheinst mir ein sehr strenger Vater zu sein«, sagte er.

»Das kann man wohl sagen«, antwortete dieser selbstherrlich. »Aber trotz meiner Härte habe ich bei diesem Weib nichts ausgerichtet. Sie ist bockig und … und…«

»…widerspenstig?«, half ihm der Maskierte weiter.

Der Alte nickte. »Sie ist eine Plage. Ich habe sie gezüchtigt, ich habe sie oft täglich mehrmals bestraft, aber sie blieb unbelehrbar. Ich bin froh, dass Samuno sie haben will und sie zu ersteigern gedenkt. Denn es wird mir besser gehen, wenn sie aus dem Haus ist.«

Der Maskierte sah, dass Gelja sich auf die Lippen biss. Verzweifelt warf sie Blicke zu ihrem Vater und Samuno, der sie abschätzend beobachtete, mit einem schmierigen Lächeln auf den Lippen, die er sich unbewusst leckte. Gelja schloss die Augen und schüttelte verzweifelt den Kopf.

»Lieber sterbe ich«, flüsterte sie kaum hörbar.

Der Maskierte nickte verstehend. Dieses Mädchen dem alten Samuno zu geben, wäre eine Sünde. Das hier war ein schlimmes, abgekartetes Spiel zwischen dem Alten und dem Vater des Mädchens.

Er blickte auf die versammelte Dorfgemeinschaft. *Was war hier los?* Das Mädchen konnte doch nicht einfach deshalb, weil sie sich weigerte, einen alten brutalen Mann zu heiraten, zur Sklavin gemacht werden? Jedem Mann, der hergekommen war, lag Geilheit im Blick. Jeder wollte dieses Mädchen benutzen und besteigen. *Steigerten alle um sie? War das der Grund dafür, dass ihr keiner zu Hilfe kam? Machten denn alle bei diesem Wahnsinn mit?*

Der Maskierte musste hart an sich arbeiten, um seinen Ärger nicht zu zeigen.

Er richtete sich im Sattel auf und sprach mit lauter Stimme.

»Nun hört, was ich – euer Schutzherr – euch zu sagen habe.«

Er hielt kurz inne, um sicher zu sein, dass ihm jeder zuhörte.

»Ihr seid sicher von eurem Dorfältesten davon unterrichtet, dass heute der Tag ist, an dem ich wieder meinen jährlichen Sold erhalten soll – für den Schutz, den ich euch durch meine Soldaten im vergangenen Jahr gewährt habe und den zu gewähren ich weiterhin bereit bin. Ihr wisst sicher auch, dass ich dieses Jahr weder Korn noch Vieh von euch verlange, denn es ist mir bekannt, dass die Ernte gering ausgefallen ist.« Er sah in die Runde und bemerkte die fragenden Blicke, die sich an den Dorfältesten richteten. Nein, sie wussten es nicht. Er hatte noch nichts vom Inhalt seines Briefes verlautbaren lassen. Nun, das war nicht mehr von Bedeutung. »Ich forderte von euch, dass ihr mir fünf Jungfrauen vorstellt, von denen ich eine wählen kann, die meine Sklavin sein soll. Da ihr mir keine einzige Maid vorgeführt habt, wähle ich die, die ihr heute zur Sklavin machen wollt. Damit solltet ihr eigentlich zufrieden sein, denn diese Maid hier wird den Platz einnehmen, den ihr ihr zugedacht habt: Sie wird eines Mannes Sklavin sein. Allerdings werde ich selbst dieser Mann sein und keiner von euch. Und sie wird euch allen einen Dienst erweisen, denn sie wird mir dienen und dafür eure Schuld mir gegenüber tilgen.«

Ein Murmeln ging durch die Menge.

»Natürlich werde ich nicht für sie bezahlen, denn den Lohn für sie habt ihr ja bereits erhalten«, sprach er weiter. Er beugte sich nach vorn, löste die Ketten, welche an einem Haken befestigt waren, vom Pranger, und hob Gelja – deren Hände noch in eisernen Handfesseln steckten, welche mit schweren Ketten verbunden waren, vor sich auf sein Pferd.

Gelja war wie erstarrt. Sie ließ geschehen, was der Fremde tat und hielt sich verkrampft am Sattelknauf fest.

Als der Vater des Mädchens protestieren wollte, gebot der Maskierte ihm mit einer Handbewegung zu schweigen. »Ich bin sicher, der Dorfälteste wird dir eine Magd zukommen lassen, denn es ist im Sinne aller, dass der Preis für den Schutz des Dorfes für dieses Jahr bezahlt wird«, knurrte er den Mann an. Gelja fühlte deutlich die Abneigung des Maskierten ihrem Vater gegenüber.

»Wo bringt Ihr mich hin?«, fragte sie leise. Doch sie erhielt keine Antwort. Das Pferd bewegte sich durch die Menge, geschickt lenkte der Maskierte es zu seinen Männern, die sich um ihn formierten. Gelja fühlte seine Hände, die über ihren Körper streiften, als wollte er Maß nehmen. Keiner war im Ungewissen gelassen worden, wozu er sie gebrauchen würde. Sie würde die

Lustsklavin des Schutzherrn sein. Erstarrt ließ Gelja es zu.

»Ich bin zufrieden mit dieser Maid und ihr könnt die Pacht als bezahlt erachten. Im kommenden Jahr erwarte ich wieder die üblichen Zahlungen an Lebensmitteln«, sagte er und wandte sich ab, um das Dorf zu verlassen.

Gelja war unfähig, sich zu bewegen oder gar dagegen zu protestieren. Sollte sie sich freuen oder sollte sie verzweifeln? Hatte sich ihr Los verbessert oder war ihr Tod besiegelt? Sie fühlte, dass das Pferd eine schnellere Gangart einschlug, und gleich darauf galoppierten die sechs Reiter aus dem Dorf.

Gelja wurde von einem Arm des Maskierten fest an seine Brust gedrückt. Durch den Stoff seines Mantels fühlte er die Konturen ihres zarten Körpers. Noch immer hatte er ihre schöne Nacktheit vor Augen. Ihre schweren Brüste, die er zuvor ausgiebig betastet hatte, ihre rasierte Scham, die ihn erregte und seine Fantasie anregte. Seine Lenden pochten vor Lust und sein Glied war hart und groß. Verräterisch und gewaltig drückte es sich an das Gesäß des Mädchens. Umso besser, dann wusste die Maid wohl, wonach ihm der Sinn stand und weswegen er sie zu sich genommen hatte.

Tränen tropften über Geljas Wangen auf den Arm, der sie hielt. Als er fühlte, dass sie weinte, gab er seinen Männern ein Zeichen und hielt sein Pferd an.

»Weshalb weinst du?«, fragte er sie schroff.

»Wohin bringt Ihr mich?«, wollte sie wissen.

»Auf meine Burg«, sagte er.

»Ich… werdet ihr…« Sie wandte sich um und sah ihm in die Augen. Sie waren ebenso schwarz, wie alles, was er trug. Sein Haar war schwarz, seine Kleidung. Nur die Ledermaske war dunkelbraun.

»Was willst du wissen? Du bist tatsächlich schwatzhaft. Ich denke, ich kann verstehen, weshalb dein Vater dich loswerden wollte.«

Gelja schluckte. »Wie … darf ich Euch nennen?«, fragte sie vorsichtig.

»Sprich mich mit ›Herr‹ oder ›Meister‹ an, wenn du mit mir beisammen bist«, verlangte er.

»Werde ich… werdet Ihr mich tatsächlich zu … Eurer Sklavin machen?«, fragte sie.

»Du bist meine Sklavin«, bestätigte er ungerührt.

»Welche Aufgabe…« Sie musste es einfach wissen.

»Du bist tatsächlich lästig. Eine Sklavin fügt sich ihrem Los, akzeptiert, was ihr Herr von ihr wünscht. Nun gut, du sollst erfahren, was ich von dir begehre. Ich werde mich mit deinem Körper vergnügen, sooft ich es möchte. Es wird unwichtig sein, ob es Tag oder Nacht ist. Wenn ich dich benutzen will, wirst du für mich bereit sein, um meine Lust zu stillen. Du bist meine Lustsklavin«, sagte er mit einem eindeutigen Lächeln.

Gelja sog die Luft ein.

»Das ist auch das, wofür dich einer der Männer im Dorf ersteigert hätte«, erklärte er ihr ungerührt.

»Ja, ich nehme an, Ihr habt recht, Herr«, gab sie leise zu. Ihre Schultern sackten nach unten. Ihr Körper schien ihre Hoffnungslosigkeit noch mehr zum Ausdruck zu bringen als ihr Blick.

»Bist du schon einmal bei einem Mann gelegen?«, fragte er unverwandt.

Als Gelja errötete, reagierte er zornig. »Ich habe eine Jungfrau begehrt, nun gibt man mir dich«, knurrte er.

»Man hat mich Euch nicht gegeben«, erwiderte Gelja ebenso zornig. »Ihr habt mich einfach genommen.«

»Soll ich dich zurückbringen? Ist das nach deinem Sinn?« Seine Stimme war nun laut.

»Nein, bitte bringt mich nicht zurück«, antwortete sie ehrlich. »Wenn ich nicht mit dem alten Samuno leben muss, bin ich ja mit meinem Schicksal einverstanden.«

»Es geht nicht darum, ob du mit deinem Schicksal einverstanden bist, Sklavin«, knurrte er. »Ich habe eine Sklavin gefordert, die ich nach meiner Lust formen kann. Ich wollte eine Jungfrau auf meinem Lager haben. Stattdessen habe ich dich erhalten. Nun gut, wenn du mir Freude schenkst, dann will ich dich behalten. Wenn nicht, gebe ich dich weiter. Vielleicht verkaufe ich dich… Aber wenn ich dich behalte, dann sollst du wissen: Für jeden Mann, der bei dir gelegen hat, werde ich dich bestrafen. Meine Strafe wird dich so lange treffen, bis die Erinnerung an diese Männer aus deiner Erinnerung vertrieben ist«, stellte er ihr in Aussicht.

Gelja nickte. »Ich habe erwartet, dass Ihr mich auch schlagen werdet, Herr. Noch nie habe ich einen Mann kennengelernt, der mich nicht geschlagen hat. Weshalb solltet Ihr eine Ausnahme sein?«

»Dein Vater?«, fragte er nach.

»Seit ich denken kann, hat er mich geschlagen. Oder Schlimmeres mit mir gemacht.«

»Schlimmeres? Du machst mich neugierig. Was ist schlimmer für ein Mädchen, als geschlagen zu werden?« Er sah ihr in die Augen.

Sie zögerte, besann sich dann aber darauf, ihm zu antworten.

»Tagelang in einem Keller eingesperrt zu sein, bei einem Krug Wasser und in der Gesellschaft von Ratten, Herr«, gestand sie. Erneut fühlte er, dass sie zitterte. Die Erinnerung allein setzte ihr bereits zu.

»Für mich ist es gut, diese Geschichte zu kennen, Sklavin. Es wird mir eine Freude sein, ein gutes Mittel zu haben, um dich zu bestrafen, solltest du eine harte Strafe verdienen«, sagte er und trieb sein Pferd an, um endlich auf die Burg zu kommen. Dass sie angstvoll die Luft einzog, beantwortete er mit einem rauen Lachen.

Nein, er hatte nicht vor, sie auf diese Weise zu quälen. Aber sie das glauben zu lassen, würde ihr wohl Respekt vor ihm einflößen.

***

Jeder auf der Burg konnte sehen, dass sie unter dem Umhang ihres Herrn nackt war. Da ihre Hände noch immer durch Ketten zusammengehalten wurden, lockte das Klirren der Ketten die Blicke aller auf der Burg an.

Sie wurde vom Pferd gehoben, gleich darauf stand der Maskierte neben ihr und zog sie mit sich. Sie musste sich anstrengen, um mit ihm Schritt halten zu können.

Er war erregt. Dieses Mädchen auf dem Sattel vor ihm hatte seine Lust geweckt. Es war pure Folter für ihn gewesen, sie erst hierher zu bringen, und nicht schon auf dem Weg über sie herzufallen. Nein, er wollte nicht bis zum Abend warten, um sich an ihr zu erfreuen. Die Härte des Geschlechts schmerzte ihn und er brauchte dringend Erleichterung. Zu lange hatte er sich keine Geliebte genommen. Viel zu viel Zeit war vergangen, seit er sich mit einer Frau vergnügt hatte. Diese Nachlässigkeit rächte sich nun.

Seit dem Moment, als er diese Maid auf dem Pranger nackt stehen sah, hatte er sie besitzen wollen. Ihre vollen Lippen lockten ihn, ihre schweren Brüste waren wie geschaffen für seine Hände und ihre nackte, rasierte Scham sollte glänzen von seinem und ihrem Saft.

Er brachte sie ins Badehaus und suchte einen Zuber, in dem Wasser war. Dass das Wasser nicht gewärmt war, störte ihn nicht. Er riss Gelja den Mantel vom Körper, hob sie an und tauchte sie ins kalte Nass.

Gelja biss sich auf die Lippen, um nicht zu jammern oder gar aufzuschreien.

Grob wusch er sie mit einer Seife, die neben dem Zuber lag.

»Ich bevorzuge saubere Dirnen«, sagte er erklärend.

»Ich… ich … bin keine … Dirne«, erwiderte die vor Kälte schlotternde Gelja.

»Du hast bei einem Mann gelegen«, sagte er hart. »Wie würdest du dich bezeichnen?«

Gelja antwortete nicht. Wie hätte sie ihm auch das, was vorgefallen war, erklären sollen?

Sie ließ es wortlos zu, dass er auch ihre rote Haarpracht, die bis zum unteren Bereich ihres Rückens reichte, wusch und spülte. Dann hob er sie aus dem Wasser und stellte sie vor sich hin. Die Ketten hielt sie vor ihren Körper. Sie bedeckte ihre Blöße nicht. Dieser Mann, der sie für sich beanspruchte, hatte ihren Körper auf dem Weg hierher mit seinen Händen betastet und nun sogar ihre intimsten Stellen gewaschen. Sie fand es nicht mehr angebracht, sich zu bedecken.

Er hüllte sie in ein weißes Leinentuch und legte auch seinen Mantel wieder über ihre Schultern. Mit raschen Schritten zog er sie weiter. Er schien noch immer nicht zu merken, dass sie barfuß war. Und mit einem Mal hatte er es enorm eilig.

In der Schmiede wurden ihr die Ketten von den Unterarmen geschlagen.

»Wenn du widerspenstig bist, bekommst du ein Halsband aus Eisen«, sagte der Maskierte ungerührt und zeigte ihr mit einer Handbewegung, dass sie ihm folgen sollte.

Gelja ging hinter ihm über den Burghof, durch die große Halle, durch die Menge von Leuten, die auf der Burg zu wohnen schienen. Sie sah die Blicke der Männer, ihr Lächeln und sie hörte Witze, die ihre kommende Nacht mit ihrem Herrn zum Inhalt hatten. Sie folgte ihm über Treppen und durch Gänge, die ihr endlos lang vorkamen. Endlich stand sie in einer Kammer. Sie sah ein großes Himmelbett aus Holz. Die Matratze war fest mit Stroh gefüllt und mit feinem Leinen überzogen. Es gab richtige Bettwäsche und mehrere Kissen. Felle lagen auf dem

Bett und versprachen ein warmes Lager. Ein Kamin, in dem Feuer brannte, spendete Wärme. Ein so feines Bett hatte Gelja noch nie gesehen. Das Laken war weiß wie Schnee.

Gelja stand wie angewurzelt da und wusste nicht, was nun von ihr erwartet wurde.

»Ich habe dir viel Achtung erwiesen, indem ich dir noch keinen Eisenring um den Hals schmieden habe lassen, deine Ketten an den Händen aber entfernen ließ. Und auch dadurch, dass ich dich selbst gesäubert habe«, hörte sie die Stimme ihres Herrn hinter sich.

»Ich danke Euch, Herr«, flüsterte Gelja. Ihr Haar war noch immer nass und hing über ihre Schultern. Sie fühlte, dass ihr der Mantel und das Leinentuch abgenommen wurden.

»Was erwartet Ihr von mir?«, fragte sie, weil sie nicht wusste, was sie tun sollte.

»Ich erwarte, dass du mir wortlos dienst. Ich möchte, dass du mir alle meine Wünsche in diesem, meinem Bett, erfüllst und meine Sehnsucht stillst. Ich will, dass du meine wilde Leidenschaft erträgst. Meine Lust ist ausdauernd und ausschweifend. Du wirst auch ertragen, wenn ich dir Schmerz zufüge, denn auch das gefällt mir. Ich mag es, wenn die Frau, die ich mir erwählt habe, ein bisschen mehr spürt, als nur mein Geschlecht in ihrer Lustgrotte. Es erhöht ihre Hingabe und meine Lust.«

Gelja hielt den Blick gesenkt.

»Entkleide mich, Sklavin«, forderte er sie auf.

Gelja drehte sich zu ihm um und begann wortlos, ihn aus seiner Kleidung zu schälen. Das schwarze, lange Hemd, das bis zu den Oberschenkeln reichte, ließ sich einfach abstreifen. Sie bewunderte seinen muskulösen Oberkörper und seinen flachen Bauch. Sie stellte sich vor, dass sie bei diesem Mann liegen würde und nicht bei Samuno. Ein Lächeln umspielte ihre Lippen.

»Gefällt dir mein Körper so gut, dass du lächelst, Sklavin?«, knurrte der Maskierte seine Sklavin an.

»Es tut mir leid«, erwiderte das Mädchen und machte sich daran, ihm seine Hose auszuziehen.

Grob packte er ihre Hand.

»Das ist keine Antwort auf meine Frage«, sagte er streng.

»Ich… kann es nicht sagen, Herr«, flüsterte sie. »Ihr … könntet es missdeuten und mir zürnen.«

»Überlass die Deutung mir und sprich«, forderte er.

»Es war nicht gegen Euch, Herr«, flüsterte sie.

»Sprich mit mir«, befahl er.

»Bitte«, flehte sie.

»Sprich!«

Gelja blickte ihm in die Augen. Er sah, dass sie Angst vor ihm hatte.

»Ich … fand den Anblick Eures Körpers erfreulich«, gestand sie zögernd. »Und ich dachte daran, dass es wohl viel besser sei, bei Euch zu liegen, als bei dem Mann, den mein Vater mir als Gatten gewählt hatte.«

So, nun war es gesagt. Ängstlich blickte sie ihn an.

Er lachte schallend und ließ ihre Hand los.

»Entkleide mich weiter, und sag mir, ob dir der Rest auch gefällt«, sagte er, noch immer lachend. Gelja zog die Hose des Mannes nach unten und kniete sich hin, um ihm dabei zu helfen, herauszusteigen. Als sie ihren Blick hob, ragte ihr sein großes, hartes Glied entgegen. Überrascht keuchte sie auf.

»Gefällt dir auch das, Maid?«, fragte der Maskierte.

»Ich … weiß es nicht«, gestand sie ehrlich.

Der Maskierte lachte wieder. Gelja stand auf und blickte ihn an. Als sie zu ihm trat, um seine Maske zu entfernen, packte er sie erneut an ihren Händen.

»Niemals, hörst du, niemals darfst du diese Maske entfernen!«, sagte er mit harter Stimme.

»Ich werde es mir merken, Herr«, sagte Gelja. »Es tut mir leid, ich wusste das nicht.«

»Das schützt dich nicht davor, dass ich dich für dieses schlimme Vergehen bestrafen werde«, sagte der Mann mit erregter Stimme.

»Weshalb ist dieses Vergehen schlimm?«, wollte sie wissen.

»Ich bestimme, dass es schlimm ist. Einen Mann würde ich dafür töten«, knurrte er.

Er zog sie zum Bett, setzte sich und legte sie vor sich auf seine Oberschenkel. Gelja fühlte sein hartes Glied, das sich fest an ihren Bauch drückte. Die flache Hand ihres Herrn traf ihre Hinterbacken. Gelja war so überrascht, dass sie vor Schmerz aufheulte.

»Zähle mit«, befahl der Maskierte.

Ja, es war tatsächlich berauschend, diese prallen Arschbacken mit der Hand zu bearbeiten, dass sie sich röteten. Der Abdruck seiner Hand wurde mehr und mehr sichtbar. Es war ein Anblick, der ihn noch mehr erregte als ihr Körper.

Gelja kannte diese Art der Strafe von ihrem Vater. Oft hatte er sie auf diese Weise bestraft, als kleines Mädchen und als Heranwachsende. Tapfer zählte sie jeden Schlag mit. Bei fünfzehn hörten die Schläge auf. Die Hand, die eben geschlagen hatte, streichelte ihr gerötetes Hinterteil, wanderte dann zu ihrer Spalte und prüfte ihre Bereitschaft. Oh ja, sie war bereit. Nässe befeuchtete seine Finger und der betörende Duft ihres Saftes drang in seine Nase.

Sie hatte eine ziemlich genaue Vorstellung davon, was er in dieser Nacht von ihr verlangte. Allein die Vorstellung, dass er in sie eindringen würde, ließ ihr Herz rasen. Keuchend wand sie sich unter seinen Berührungen.

»Wer war es?«, fragte er plötzlich. »Bei wem bist du gelegen?«

Er sah, dass Gelja die Augen schloss. Sie schien sich die Bilder dieser Vereinigung ins Bewusstsein zu rufen. Alle Farbe war aus ihrem Gesicht gewichen. Es war wohl keine angenehme Erinnerung.

»Bitte, verlangt nicht von mir, davon zu erzählen«, flüsterte sie.

»Du wirst aufhören damit, meine Fragen nicht zu beantworten, Sklavin. Wenn ich es nicht wissen wollte, hätte ich dich nicht gefragt.«

Sie blickte ihn mit traurigen Augen an und er sah, wie sie versuchte, Worte zu formen. Aber sie blieb stumm.

»Sag es mir«, herrschte er sie an.

»Es... war gegen meinen Willen, Herr. Ich ... war an einem Tisch gefesselt und konnte nicht...«, sie biss sich auf die Lippen.

»Weiter«, knurrte ihr Herr.

»Es waren zwei Männer«, gestand sie.

»Zwei Männer aus deinem Dorf?«, fragte er rau.

»Ja, Herr... aber, nur einmal«, berichtete sie stockend.

»Wer war es?« Seine Stimme war kalt.

Gelja schüttelte den Kopf und schwieg.

»Du wirst es mir sagen«, verlangte der Maskierte.

»Nein«, murmelte sie.

»Widerspenstigkeit ist keine gute Eigenschaft für meine Sklavin.« Jetzt war er wirklich wütend.

»Was macht es denn aus für Euch, es zu wissen?«

»Du gehörst mir und ich wünsche, über solche Dinge Bescheid zu wissen. Ist das so schwer zu verstehen für dich?« Seine Stimme war laut geworden.

»Aber, es ist vorgefallen, bevor ich Euch gehört habe«, erinnerte sie ihn.

»Verdammt, ich werde dich Gehorsam lehren, Sklavin«, knurrte er. »Erzähl es mir oder du wirst es bereuen.«

Gelja sackte in sich zusammen. Nach einer kleinen Pause begann sie zu sprechen.

»Es waren zwei Männer.« Es schien sie viel Überwindung zu kosten, davon zu sprechen, »Der von meinem Vater ausgewählte Bräutigam und einer der Wachleute, die mein Vater geholt hatte, um mich zu überwältigen. Es geschah mit der Zustimmung meines Vaters«, flüsterte sie, da sie erkannt hatte, dass er ihr keine Gelegenheit geben würde, sich diesem Befehl zu entziehen.

Der Mann, der sie noch immer hielt, schrie wütend auf.

Gelja deutete seine Reaktion jedoch falsch.

»Bitte, zürnt mir nicht. Ich habe es nicht gewollt – das schwöre ich. Sie waren zu zweit und sie haben mich an den Tisch gebunden, um meine Gegenwehr zu unterdrücken. Bitte glaubt mir, Herr, ich habe mich gewehrt, aber sie waren so stark«, erzählte Gelja unter Tränen.

»Wann war das?«, fragte er mit gepresster Stimme.

»Vor drei Wochen.«

»Hast du in der Zwischenzeit geblutet?«, wollte er wissen.

»Ja, Herr«, antwortete sie.

»Wann genau hast du deine letzte Blutung gehabt, Sklavin?«, fragte er schonungslos.

Verlegen blickte sie auf den Boden. Nicht zu antworten war unmöglich.

Seufzend gestand sie: »Vor zwei Wochen, Herr.«

»Ist das so?« Er lächelte sie nun interessiert an.

Gelja versuchte, vor ihm zurückzuweichen. Es war ihr unangenehm, diese Dinge mit einem Mann zu besprechen.

»Du weißt, was ich von dir wünsche.« Das war keine Frage, eher eine Feststellung.

Gelja nickte.

»Du wirst dich nicht gegen mich auflehnen?«, fragte er weiter und ließ ein paar ihrer Locken durch seine Hand gleiten.

Der Maskierte war betroffen von dem, was Gelja ihm berichtet hatte. Das Mädchen war von ihrem zukünftigen Bräutigam und einem zweiten Mann aus dem Dorf geschändet worden. Der Vater hatte es nicht nur gewusst, sondern er hatte das Ganze sogar eingefädelt! Er hatte die beiden Alten nicht gemocht, und diese Enthüllung unterstützte seine Abneigung gegen die beiden noch mehr.

Aber vielleicht hatte es ja auch etwas Gutes, dass sie keine Jungfrau mehr war. Er gierte nach ihrem Körper, wollte seine Leidenschaft endlich ausleben, wollte sie sehen, wie sie sich unter seinen Stößen bewegte. Er brauchte sich in diesem Fall nicht zurückzuhalten und konnte seiner Lust freien Lauf lassen, denn sie war bereits benutzt worden. Benutzt, ja, aber nicht zugeritten. Diese Aufgabe würde er übernehmen. Er würde sie für seine Lust ausbilden, vorbereiten für seine Leidenschaft. Und er brauchte sich nicht zurückzuhalten.

Energisch zog er sie auf die Beine und drängte sie zurück auf das Bett. Er drückte sie darauf, sodass sie auf dem Rücken zu liegen kam und schob sich über sie.

»Öffne dich«, befahl er. Mit seinen Knien schob er ihre Beine auseinander. Seine Hand tastete an ihre Scheide. Sie war so warm und so nass. Er schloss die Augen und stöhnte. Sie war bereit für ihn.

»Du bist ab heute mein Eigentum. Was gewesen ist, ist unwichtig. Du gehörst nun mir. Es ist dir nicht gestattet, dich einem Mann hinzugeben, außer ich befehle es dir«, sagte er und erzwang sich ihren Blick mit seiner herrischen Stimme.

»Ihr… wollt mich teilen?« Sie war verwirrt.

»Später. Ich erkläre es dir später. Jetzt will ich meine Sklavin kosten«, keuchte er.

Seine Hände berührten ihren Körper und schienen überall zu sein. Sein Mund senkte sich auf ihren. Sie öffnete sich seiner Zunge und erwiderte seinen hungrigen Kuss. Gelja genoss dieses Duell ihrer Zungen. Zögerlich begann sie, seinen Körper zu streicheln, der über ihr aufragte. Seine kräftigen Muskeln drückten sich hart an ihren weichen Körper. Wie ungleich schöner war dieser Mann, der nun ihren Körper forderte, als der, dem ihr Vater sie übergeben hatte wollen.

Als seine Hände ihre Brüste berührten, stöhnte sie auf. Fest packte er zu und Gelja wölbte sich ihm entgegen.

Sein Mund wanderte über ihren Hals nach unten und umschloss nun abwechselnd ihre harten Nippel.

»So gut«, stöhnte er.

Ja, das, was er mit ihr tat, war tatsächlich gut. Sie spürte das Ziehen in ihrer Mitte, das stärker wurde, je mehr er mit ihrem Körper spielte.

Als sie seine Finger am Eingang ihrer Scheide spürte, schrie sie überrascht auf.

»Bist du bereit für mich?« Sein Mund war neben ihrem Ohr.

»Ja.«

»Willst du mich in dir spüren?«

»Ja.« Das Pochen in ihrem Schoß wurde unerträglich. Langsam öffnete sie ihre Schenkel so weit, dass er zwischen ihre Beine gleiten konnte.

Gelja fühlte, dass seine Schwanzspitze in ihre Pforte geschoben wurde. Seine gewaltige Größe füllte sie aus, während er sich langsam in ihre Enge und tiefer in ihr Inneres schob. Sie fühlte die Dehnung und den damit verbundenen Schmerz. In dem Moment, als er ihr Häutchen durchstieß, schrie sie kurz auf.

»Was ist das?«, fragte er und sah überrascht auf das Mädchen, in das er eben tief eingedrungen war.

»Es… tut weh«, wimmerte Gelja.

»Du sagtest, du seist bereits bei zwei Männern gelegen. Warum erzählst du mir Märchen?«

Gelja schluchzte, denn nun schmerzte sie die Vereinigung.

»Du wirst es mir später erklären müssen, Mädchen, denn

mein Begehren ist zu groß – ich habe keine Zeit für deine dummen Spielchen«, keuchte er und begann, sie heftig zu nehmen.

Es war ihm gleichgültig, weshalb sie noch Jungfrau gewesen war. Es war ihm auch egal, weshalb sie diese Geschichte von ihrem Vater und ihrem Bräutigam erzählt hatte. Hatte sie tatsächlich gedacht, es würde ihn abhalten, sich ihres Körpers zu bedienen? Nun, ihre Rechnung ging nicht auf. Er war der, der auf ihrem Acker seine Saat säen würde. Er war der Erste, der hier säte. Heftig trieb er sich in ihre Enge und nahm ihr Wimmern wahr. Ihre Augen, in denen sich Tränen spiegelten, schienen dadurch noch größer zu sein, als zuvor. Sie war heiß, nass und fruchtbar – und so wundervoll eng. Mit jedem Stoß, mit dem er in ihre heiße Enge eindrang, veränderte sich ihr Atem. Rascher, keuchender holte sie Luft. Das Stöhnen, das über ihre Lippen kam, schien nicht mehr allein davon zu kommen, dass er sie mit seinem Schwanz gedehnt hatte. Als sie begann, seinen heftigen Bewegungen entgegenzukommen, wusste er, dass ihr Körper seine Lust erwiderte. Seine, über lange Zeit aufgestaute Gier nach einer Frau, erwachte vollends. Seine rhythmischen Stöße wurden schneller. Heftiger, tiefer. Er kam zum Höhepunkt und pumpte seinen Samen mit einem Aufschrei in ihren Schoß. Hatte sie ebenfalls kurz aufgeschrien, als ihre Muskeln begannen, seinen Schaft zu melken? Zuckend bewegte sie sich um ihn herum. Ihr Kopf war überstreckt, ihr Blick geheimnisvoll verschleiert.

Sie erwiderte seine Leidenschaft – und ihm war klar, dass er ihre Lust geweckt hatte. Das war perfekt! Sie war seine Sklavin und ihr Körper war sein Eigentum und sie duldete nicht nur seine raue Leidenschaft. Nein, sie beantwortete sie mit ihrem Körper auf das Erfreulichste. Es war tatsächlich perfekt! Er allein durfte mit ihr tun und lassen, was ihm beliebte. Und sie würde es mögen.

Aber weshalb hatte sie ihm diese Geschichte erzählt?

Als er wieder zu Atem gekommen war, forderte er eine Erklärung.

»Weshalb hast du mich belogen?«, fragte er sie mit kalter Stimme.

»Ich habe die Wahrheit gesagt, Herr«, sagte Gelja. »Mein Vater und Samuno haben mir in meiner Kammer aufgelauert. Zusammen mit Kagar haben sie mich an den Tisch gebunden und haben meine Scham rasiert. Danach haben mich Samuno und Kagar…« Sie stöhnte und holte tief Luft, bevor sie weiterreden konnte, »Sie sind nicht in diese Öffnung eingedrungen, die Ihr eben benutzt habt, Herr, sondern in … meine Zweite.«

Gelja hatte den Blick gesenkt. Sie schämte sich so sehr, dass sie ihm nicht mehr in die Augen sehen konnte.

»Sie hatten vorgehabt, mich auch auf die andere Weise zu benutzen – aber sie wollten mich ja noch versteigern. Und der Preis für eine Jungfrau ist nun einmal höher. Daher bedienten sie sich auf diese Weise«, erklärte sie.

»Dein Vater wusste davon?«, fragte er nach.

»Er hat mich ihnen übergeben, verließ aber die Kammer, als es geschah.«

»Nun haben sie gar nichts für dich erhalten«, stellte er zufrieden lächelnd fest.

»Ja, Herr.« Gelja lächelte schwach.

Er zog sie an sich und hielt sie in seinen Armen.

»Hast du Schmerzen?«

»Nein.« Sie drückte sich an seinen Körper.

»Ich wünsche, dass du mich heute noch einmal aufnimmst, Sklavin. Lass dich treiben und versuche, auch Lust zu empfinden!« Es klang wie ein Befehl.

»Es war nicht unangenehm, Herr«, bestätigte sie seine Beobachtung.

»Dein Körper ist bereit, sich auf meine Wünsche einzulassen. Sei du es auch, Sklavin«, sagte er und küsste kurz ihre vollen Lippen. Sie fühlten sich herrlich an. Doch er zwang sich, sich aufzurichten und seine Hände über ihren Körper wandern zu lassen. Bewundernd streichelte er ihren Körper. Küsse bedeckten erneut ihre Brüste, fordernd nahm er ihren Mund in Besitz. Als er endlich spürte, dass sie sich ihm ganz öffnete, drang er in sie ein. Noch immer hatte sie zu tun, seine Größe aufzunehmen, aber sie war nass und willig. Ihr schöner Körper erregte und erfreute ihn gleichermaßen. Sie entfachte eine Wildheit in ihm, die ihm neu war – und welche ihn berauschte. Er forderte ihren Körper, benutzte ihn, und es gelang ihm noch einmal, sie zum Höhepunkt zu bringen, bevor er sich in ihrem Schoß verströmte.

***

Die Nacht brach herein und er hatte sie bereits zweimal besessen. Müde legte er sich zurück und betrachtete die schlafende junge Frau neben sich. Er fühlte, dass sie ihn begehrte und doch auch fürchtete. Eine wundervolle Kombination, die er zu nutzen gedachte. Er war befriedigt, wie schon lange nicht mehr. Weshalb nur war er nicht früher auf die Idee gekommen, sich eine Sklavin zu nehmen? Er würde die nächsten Tage mit ihr in vollen Zügen genießen und dann wieder den Alltag einkehren lassen. Es würde seine Tage versüßen, zu wissen, dass eine willige Sklavin auf seinem Lager auf ihn wartete. Der Winter stand vor der Tür und dieses Mal würde er angenehm werden. Er würde sich nicht langweilen, wenn die langen, dunklen Nächte hereinbrachen.

Lächelnd strich er über die Wange der schlafenden Sklavin. Sie war von seltener Schönheit. Ihre langen Wimpern warfen im Kerzenschein Schatten auf ihre hohen Wangen. Seine Hand wanderte auf ihre festen Brüste, deren Brustwarzen sich sofort aufrichteten. Ihr Körper war ebenso ausgehungert, wie seiner, stellte er mit großer Freude fest. Sein Schwanz wurde erneut hart. Er rollte sich auf sie und drang in ihre nasse Scham ein. Überrascht wachte Gelja auf und versuchte, ihn wegzudrücken.

»Nein! Bitte! Nicht Samuno!«, schrie sie auf.

»Schhhh, Sklavin«, flüsterte er. »Du bist nicht mehr bei deinem Vater. Du gehörst nun mir.«

Sie blickte ihn an. Endlich klärte sich ihr Blick.

»Danke«, flüsterte sie und öffnete sich seinen Stößen.

»Du sollst mein Kind tragen. Ich wünsche es. Es wird mir gefallen, wenn dein Leib sich rundet, denn es wird dich noch begehrenswerter machen«, keuchte er.

»Ich gehöre Euch, Herr«, flüsterte Gelja. Der Gedanke, ein Kind von ihm zu empfangen, erschreckte sie offensichtlich nicht, registrierte der Maskierte zufrieden.

Sie wirkte tatsächlich glücklich, als sie ihre Schenkel weit öffnete und um seinen Körper legte. Sie umschloss ihn fest mit ihren Beinen, drückte ihn an sich, damit er tiefer in sie eindringen konnte. Geschickt bewegte sie sich unter ihm, als wollte sie ihn motivieren, sie heftig zu nehmen. Keuchend stieß er zu. Immer heftiger, immer tiefer, immer wilder. Brutal trieb er seinen Schwanz in sie. Es machte ihm nichts aus, dass er sie quälte, wenn er ihre Gebärmutter berührte. Er drückte ihre Schenkel nach oben, um ihre Grotte zu verkürzen. Als er seinen Höhepunkt herannahen fühlte, drückte er sich mit der Spitze in ihre Muttermundöffnung. Gelja schrie vor Schmerzen. Er sah die Tränen, die nun wieder in ihren Augen schimmerten.

Noch tiefer dehnte er sie und drang in ihr Innerstes ein. Als er fühlte, dass ihre Muskeln seinen Schaft zuckend massierten, spritzte er seinen fruchtbaren Samen ihren Schoß. Gelja erreichte mit einem Schrei ihren Höhepunkt und ihre Muskeln molken seinen Schwanz, bis er alles gegeben hatte. Er fühlte, dass ihre Muskeln ihn auch danach noch fest umspannten, als wollte sie ihn halten.

Schließlich zog er sich zurück und sah auf die Frau, die er wahrscheinlich eben geschwängert hatte. Sie beugte sich vor und leckte sein Glied trocken.

»Wer hat dich das gelehrt?«, fragte er.

»Mein Vater und mein Bräutigam luden sich häufig Huren ein, mit denen sie sich vergnügten. Seit ich vierzehn bin, musste ich ihnen dabei zusehen«, gestand sie.

»Wie alt bist du jetzt?«, fragte er. Er wusste so wenig über sie.

»Achtzehn, Herr«, sagte sie.

»Du bist nicht mehr zu jung für diesen Dienst. Es gibt Bräute, die jünger verheiratet werden. Dein Vater hat lange damit gewartet, dich freizugeben.«

Er betrachtete sie zufrieden. »Und du bist gut gewachsen und erträgst es, mit einem Mann das Lager zu teilen.«

»Wie alt seid Ihr, Herr?«, fragte sie leise.

»Es ist dir nicht gestattet, mich das zu fragen, dummes Ding. Merkst du dir nicht, was ich dir sage?«, antwortete er streng. »Du bist eine Sklavin. Es hat dir zu gefallen, was dein Herr von dir verlangt. Wenn es ihm gefällt, dir etwas über sich selbst zu erzählen, dann ist das ein Privileg, das du erst verdienen musst. Wenn es ihm gefällt, dich in Unkenntnis zu lassen, so nimmst du es still und dankbar hin.«

»Wer hat Euch diese Narben zugefügt?«, fragte Gelja nach einer Weile, und strich mit der Hand über die Narben auf seiner Brust.

»Hörst du mir denn überhaupt zu?«, frage er zornig. War sie etwa dumm?

»Doch. Ich darf Euch nicht fragen, wie alt Ihr seid«, antwortete sie.

»Du sollst gar keine Frage an mich stellen, Sklavin!«, schrie er sie an.

Gelja wollte fragen, weshalb das so war, doch sie schaffte es, den Mund wieder zu schließen, bevor sie die Frage aussprach.

»Als Sklavin hast du keine Rechte«, erklärte ihr der Maskierte. »Deine einzige Pflicht und dein künftiger Lebensinhalt ist es, meine Lust zu stillen und mich auf meinem Lager zufriedenzustellen. Das ist alles. Aber dabei sollst du dich geschickt anstellen, sonst gebe ich dich weg, Sklavin. Hast du mich endlich verstanden?«, fragte er. Er sah, dass sich ihre Augen kurz weiteten. Ja, offensichtlich war der Inhalt seiner Worte bei ihr angekommen.

Gelja sackte zusammen, als hätte er sie geschlagen. Die Schultern fielen nach vor, ihr Rücken krümmte sich. Sie biss auf ihre Lippen und fiel auf das Lager, wo sie sich einrollte. Er fühlte, dass sie sich zurückzog. Es schien, als hätte sie eben wirklich begriffen, welchem Stand sie nun angehörte.

Er packte sie und zwang sie, ihm in die Augen zu sehen.

»Du wirst dich erst von mir zurückziehen, wenn ich es dir gestatte, Sklavin«, sagte er mit gepresster Stimme.

Weshalb war er jetzt zornig auf sie? Gelja verstand es nicht. Doch sie wagte es nicht mehr, eine Frage an ihn zu stellen. Sie nickte lediglich, um ihm zu zeigen, dass sie verstanden hatte.

»Was mache ich nur mit dir?«, stöhnte er.

»Warum seid Ihr zornig auf mich?« Sie wagte es tatsächlich. Schon wollte er sie in ihre Schranken weisen. Aber ein Blick in ihre Augen sagte ihm, dass sie es nicht verstand. Sie wollte ihn verstehen, darum stellte sie diese Frage.

»Fragst du, um zu lernen, mir gefällig zu sein?«

»Ich möchte Euch weder verärgern noch eine unachtsame Dienerin sein.« Ihre Stimme war jetzt viel leiser.

Es wurde an die Tür geklopft und er kleidete sich rasch an.

»Du wartest auf mich«, befahl er. Dann verließ er den Raum.

Es dauerte eine Weile, bis er zurückkehrte. Gelja hatte tatsächlich auf ihn gewartet.

Wortlos stand sie auf und half ihm dabei, die Kleider abzulegen.

Sie stellte ihm keine Frage.

Irgendwie hätte er erwartet, dass sie wissen wollte, warum er sie hatte verlassen müssen. Sie wollte auch nicht wissen, ob nun alles geordnet war und ob die Leute sich sicher zur Ruhe begeben konnten.

Aber genau das hatte er getan. Er hat wichtige Dinge mit seinem Hauptmann besprochen, damit die Menschen in dieser Burg sicher leben konnten.

Da fiel ihm ein, dass er ihr verboten hatte, ihm Fragen zu stellen.

Nein, es war nicht gut, wenn eine Sklavin schwatzhaft war.

Und es war nicht gut, wenn sie teilnahmslos war an dem, was er erlebte.

Er musste einen Weg finden, das zu ändern.

Mit einem Handzeichen gebot er ihr, sich auf das Bett zu legen. Er setzte sich neben sie und betrachtete ihren schönen, nackten Körper.

»Es würde mir gefallen, dich noch einmal zu benutzen«, sagte er mit rauer Stimme. Sie blickte verstohlen auf sein Glied, das friedlich zwischen seinen Schenkeln schlummerte.

»Es gibt auch andere Werkzeuge, Sklavin«, sagte er, als er ihrem Blick folgte. Sie kniete sich vor ihn und senkte den Blick. Er würde wohl sagen, was er von ihr wollte.

»Ich möchte, dass du dich selbst streichelst. Ich will sehen, wie du mit dir spielst«, befahl er.

Gelja sah ihn verdutzt an.

»Streichle mit deiner Hand deine Spalte und spiele mit dir. Los, zeig mir, wie du deine Lust weckst«, forderte er sie auf.

Endlich gehorchte sie. Mit fragendem Blick lag sie vor ihm und spreizte ihre Beine vor dem Mann, der sie gierig betrachtete. Sie versenkte ihre Finger in ihrer nassen Spalte und drang in ihre Grotte ein. An seinem Blick, der fest auf ihre Scham geheftet war, erkannte sie, dass es das war, was er sehen wollte. Sie erinnerte sich an einen der vielen Abende, bei denen sie willige Frauen beobachtet hatte, wie sie sich ihrem Vater angeboten hatten. Sie sah das Bild deutlich vor sich. Ihr Vater war sehr angetan von der Frau, die sich in besonderer Weise schamlos feilbot. Sie erinnerte sich sehr genau daran, wie die Frau an sich selbst gespielt hatte. Gelja wiederholte mit ihren Fingern, was sie bei der Hure gesehen hatte.

Langsam zog sie ihre geschwollenen Schamlippen auseinander und bot dem Maskierten ihr rosiges Fleisch dar. Geljas Mittel- und Zeigefinger drangen in ihre Grotte. Nass und klebrig wurden sie sichtbar, um gleich wieder zu verschwinden.

Gelja begann, diese Berührungen zu genießen. Sein hungriger Blick erregte sie ebenso, wie es ihre sanfte Berührung tat. Gefiel ihm, was sie ihm bot? War es das, was er von ihr wollte? Erregte ihn ihre Schamlosigkeit? Würde es ihm so gut gefallen, dass er noch einmal hart wurde?

Sie wand sich vor dem Mann, den sie noch einmal erwecken sollte. Immer schneller rieb sie sich und drang mit den Fingern ihrer zweiten Hand in sich ein. Die nassen Finger legten sich über ihre Brustwarzen und schmierten ihren Saft auf die harten Warzen, um gleich darauf in die Scheide zurückzukehren.

Gelja keuchte vor Lust, masturbierte heftiger und bewegte die Finger ihren Hüften entgegen. Als sie zum Höhepunkt kam, schrie sie, warf den Kopf von einer Seite zur anderen und bog ihren Körper durch. Genau in diesem Moment schoben sich kräftige Arme unter ihren Brustkorb und ihr Gesäß. Eng hielt der Maskierte sie an seinen Körper gepresst.

»Du benimmst dich wie eine Dirne«, keuchte er. »Fühl, wie sehr mich dein Spiel erregt hat.«

Sie fühlte seinen harten Schaft an ihrer Scham.

»Erklär mir, wer hat deine Spalte von den Haaren befreit?«, begehrte er zu wissen. »Zuerst waren es mein Vater und sein Freund, bevor Samuno und Kagar mich benutzten. Heute Morgen befahl mir mein Vater, die Haare zu entfernen«, gestand sie ihm.

»Er selbst hat es dir aufgetragen?«, fragte der Schutzherr noch einmal.

»Ja, er drohte, mich wieder an den Tisch zu binden und Samuno zu holen.« Sie hatte offensichtlich Angst vor seiner Reaktion.

In diesem Moment beschloss der Schutzherr, den Vater seiner Sklavin zu töten.

»Knie dich vor mich«, verlangte er. Gelja gehorchte.

Er bewunderte ihren wunderschönen Arsch und streichelte sanft darüber, bevor er kraftvoll in ihre nasse Enge eindrang. Sie massierte ihn geschickt mit ihren Scheidenmuskeln. Doch er entzog sich ihr und bemächtigte sich ihres zweiten Einganges. Dass sie diese Vereinigung noch etwas schmerzte, erregte ihn. Er nahm sie und befriedigte seine Lust. Der Schmerz, den er ihr zufügte, war ein Teil der ihr von ihm zugedachten Strafe dafür, dass sie bereits an dieser Stelle benutzt worden war.

Danach legte er sich neben sie, umschlang sie mit seinen Armen und hielt sie fest, bis sie eingeschlafen war.

Es war eine gute Wahl gewesen, sie für sich zu fordern. Sie war gehorsam, willig, hingebungsvoll. Schwatzhaft – ja, sie redete zu viel. Aber sie war trotz alledem nicht unangenehm, wenn sie bei ihm war.

Was zum Teufel hatte ihr Vater an ihr auszusetzen gehabt, dass er sie versteigern wollte?

***

Die Sonne stand bereits am Himmel, als er von ihr abließ. Kaum war sie erwacht, stürzte er sich auf ihren Körper und nahm sie erneut in Besitz. Er verriet ihr nicht sofort, dass er sich bereits gereinigt hatte. Er hatte mit seinen Soldaten die morgendlichen Waffenübungen absolviert gehabt, war in ihre Kammer zurückgekehrt und hatte sich wieder neben sie gelegt. Dann hatte er sie geweckt. Er ließ sie in dem Glauben, dass er das Bett noch nicht verlassen hätte.

Als er sich in ihren Mund zwang, entzog sie sich seinem Griff.

»Du wirst mir gehorchen.« Langsam näherte er sich ihr wieder.

»Warum demütigt Ihr mich auf diese Weise?«

»Du stellst hier nicht die Fragen!« Er wurde wütend.

»Lasst mich Euch reinigen«, bat sie.

»Das habe ich nach den Waffenübungen bereits getan, Sklavin.«

»Wirklich? Ihr wart bereits …?«

»Es ist eher das Privileg einer Lustsklavin, lange im Bett zu liegen, als das eines Ritters.«

Er packte ihr Haar. Nun ließ sie es zu, dass er ihren Mund in Besitz nahm. Die Länge seines Geschlechts und seine tiefen Stöße machten ihr Probleme. Aber er war in diesem Fall geduldig.

»Du wirst meinen Saft trinken«, befahl er mit angespannter Stimme. Mit einem heiseren Aufstöhnen kam er zum Höhepunkt und verströmte sich in ihren Mund.

Gelja kämpfte mit der Menge seines Samens, welches er in sie hineinpumpte. Und dennoch schaffte sie es, alles zu schlucken.

Sie war ebenso gehorsam wie geschickt. Diese Tatsache erfreute ihn. Sie würde es lernen, seine Wünsche zu erfüllen. Der Maskierte war zufrieden.

Als er sie nach diesem berauschenden Akt küsste, erlaubte er ihr nicht, sich zurückzuziehen.

»Du hast tatsächlich gedacht, ich hätte das Bett noch nicht verlassen?« Er grinste sie an.

Sie antwortete nicht.

»Ich habe mich längst gesäubert, kleine, dumme Sklavin.« Sein leises Lachen irritierte sie.

»Warum quält Ihr mich, Herr?«, fragte sie leise.

»Du darfst keine Fragen stellen – wirst du dir das jemals merken?«, grollte er.

Sie schloss die Augen. »Es tut mir leid«, sagte sie.

»Ich weiß.« Er küsste sie erneut. Hungriger, als zuvor.

Seine Hände wanderten über ihren Körper und zwangen sie, ihre Schenkel für ihn zu öffnen. Als seine Lippen sich auf ihre rasierte Scham legten, keuchte sie überrascht auf.

»Dein Saft schmeckt aufregend«, verriet er ihr mit einem kurzen Blick in ihre Augen. Dann widmete er sich ihrer nassen Öffnung. Er leckte sie und massierte ihren Scheideneingang mit seinen Fingern, bis sie sich lustvoll vor ihm bewegte.

»So bereit, so geil, so wunderbar nass.« Er lachte zufrieden. »Und das alles gehört mir.«

Seine Zunge trommelte auf die Klitoris, die er aus der Hautfalte geschoben hatte. Sie kam mit einem kehligen Schrei. Wie schön sie war, wenn sie zum Orgasmus kam. Ihre Lustgrotte floss über von ihrem Saft.

Er schob seinen Körper auf ihren, verschloss mit seinem Mund den ihren und gab ihr ihren Geschmack. Gierig erwiderte sie seinen Kuss.

»Du bist reif für deine Lust, Sklavin«, flüsterte er an ihr Ohr und drang mit einem harten Stoß mit seiner Erektion in ihre zuckende Grotte ein. Es war Zeit, sie ordentlich zu ficken. Er nahm sie wild, mutete ihr seine unkontrollierte Lust zu und registrierte überrascht die zarten Berührungen ihrer Hände auf seinem Rücken. Die Dirnen, die er bisher benutzt hatte, hatten ihn gewähren lassen und waren gegangen, wenn er seine Lust gestillt hatte. Gelja war anders. Sie ließ sich auf ihn ein und erwiderte seine Berührungen. Als sie begann, sich seinen heftigen Stößen entgegenzudrücken, packte er sie am Haar und hielt ihren Kopf fest. »Willst du mir gefallen oder beginnst du es, zu genießen, gefickt zu werden?«

Seine Stimme war kaum zu erkennen und klang fremd.

Gelja umschloss mit ihren langen Beinen seine Hüften und zog ihn an sich.

Er nahm sie nicht nur, sie gab sich ihm hin! Diese Erkenntnis löste seinen Orgasmus aus. Mit einem heiseren Schrei verströmte sich tief in ihr.

Keuchend lag sie unter ihm, als er sich langsam von ihr löste.

Sie sah müde und durchgefickt aus. Das gefiel ihm. So sollte es sein, wenn er aus seinem Bett stieg.

»Es gefällt mir, dich ein wenig zu quälen. Aber ich werde es niemals übertreiben«, beantwortete er nun ihre Frage von vorhin.

Gelja brauchte ein wenig, bis sie erkannte, dass sie eine Antwort erhalten hatte.

»Danke«, sagte sie leise.

***

Am vierten Tag während des kurzen Reinigungsbades nach der Waffenübung mit seinem Hauptmann wurde der Maskierte von diesem angesprochen, ob Gelja seine Erwartungen erfülle.

Der Maskierte war überrascht. »Wer ist Gelja?«, wollte er wissen.

»Das Mädchen, das du vor der Versteigerung gerettet hast, Herr«, sagte sein Hauptmann.

»Sie heißt Gelja? Woher weißt du das?«, fragte er.

»Sie hat nicht nur meinen Herrn bezaubert«, gestand der Waffengefährte.

»Du möchtest sie auch benutzen?«, fragte der Maskierte.

»Sie ist deine Sklavin, damit ist alles gesagt. Ich beobachte sie seit längerer Zeit. Wenn ich ins Dorf geritten bin, um die Steuern zu holen, habe ich sie gesehen. Das Haus ihres Vaters liegt an der Straße am Beginn des Dorfes. Erst sah ich da ein kleines Mädchen mit großen traurigen Augen. Wann immer ich vorbeigekommen bin, hat der Alte das Kind gescholten. Dann war eines Tages eine erblühende junge Frau bei diesem Haus. Meist arbeitete sie im Garten oder sie hängte die Wäsche auf oder sie bot Obst feil. Ihr Blick war noch immer traurig, doch wenn man sie ansprach, dann lächelte sie freundlich – und alle, die sie sahen, waren von ihrem Lächeln angetan«, gestand sein Getreuer.

»Sie gefällt dir also?«, wollte der Maskierte wissen.

»Gelja berührt mich seit Langem, und ich glaube, ich hätte sie wahrscheinlich einmal angesprochen und sie eingeladen, mit mir zu kommen. Sie hat bis jetzt kein gutes Leben gehabt, denke ich«, sagte er ehrlich.

»Das denke ich auch. Ihr Vater hat ihr übel mitgespielt.«

»Wie übel?«, fragte der Hauptmann nach einer kurzen Pause.

»Sehr übel«, sagte sein Herr.

»Hat er dafür den Tod verdient?«, fragte der Hauptmann nach einer Weile des Nachdenkens. Das, was der Herr ihm offenbarte, konnte nur eines heißen.

»Ja. Er hat es zugelassen, dass sie von zwei Männern missbraucht wurde. Nein, er hat es wahrscheinlich eingefädelt und dafür Geld verlangt. Ja, er hat den Tod verdient. Es wird sich dafür eine Stunde finden.«

Der Hauptmann nickte nur. »Du kannst mit mir rechnen, Herr«, sagte er ernst.

Der alte Mann war bereits so gut wie tot.

***

Die Zeit auf der Burg verging rasch. Wenn sie nicht zu ihrem Herrn gerufen wurde, arbeitete Gelja tagsüber in der Küche. Es war ihr unangenehm, wenn er sie am Tag zu sich rief. Denn jeder wusste, wofür er sie rief. Er hatte sie in den letzten Wochen auch mit seiner Vorliebe bekannt gemacht, sie zu züchtigen. Sie kannte bereits das Gefühl, seine Peitsche zu spüren. Oder einen Stock, den er aus dem Wald mitgebracht hatte - oder eine Weidenrute. Ihre Schreie entzückten ihn und die Zeichnungen, die er auf ihrer Haut hinterließ, berauschten ihn. Seine Wildheit verstärkte sich, wenn er sie auf diese Weise gequält hatte. Doch waren seine Zuwendungen im Anschluss solcher lustvollen Spiele besonders innig und zärtlich.

Gelja gestand sich ein, dass sie die ungezügelte und raue Lust ihres Herrn tatsächlich mochte. So unglaublich es schien, sie fand Gefallen am Leben an seiner Seite und es störte sie nicht länger, seine Sklavin zu sein. Ein anderes Leben hätte sie nach der Versteigerung auch im Dorf nicht geführt. Das wusste sie. Und der Gedanke an den Mann, der vorgehabt hatte, sie zu ersteigern, brachte sie rasch dazu, ihr Los gern anzunehmen.

Wenn der Burgherr sich mit ihr vergnügt hatte und danach neben ihr lag, dann streichelte sie oft seine Narben und küsste sie. Er war ein schöner Mensch. Wahrscheinlich war er ungefähr zehn Jahre älter als sie selbst, schätzte Gelja. Dass sie sein Gesicht nicht vollständig sehen durfte, hatte sie ebenso hingenommen, wie die speziellen Neigungen seiner Lust. Gelja kannte die Farbe seiner Augen – und auch deren Ausdruck. Sie lernte darin zu lesen und sie fügte sich seinen Wünschen. Sie kannte ihn mittlerweile sehr gut, und der letzte verborgene Teil seines Gesichts war unbedeutend. Was immer er vor ihr verbarg, sie respektierte sein Geheimnis.

Sie wusste nun mit Sicherheit, dass sie sein Kind trug. Zwei Monate lebte sie bereits bei ihm und er hatte, seit er sie hierhergebracht hatte, keine Nacht ausgelassen, um seine Lust an ihr zu stillen. Die Blutung war ausgeblieben. Ihm selbst war das noch nicht aufgefallen. Er begehrte sie und er benutzte sie.

Dass sie zur Verfügung stand, war für ihn selbstverständlich. Seine Gier kannte keine Pause, also fiel es ihm auch nicht auf, dass die Natur keine Pause vorschrieb.

Je mehr er von Geljas betörenden Körper kostete, desto mehr verlangte es ihn, seine Lust an ihr auszuleben. Ihr Körper berauschte sie. Sie auch nur anzusehen zwang ihn dazu, sie besitzen zu wollen. Diese Entwicklung beängstigte ihn. Und wenngleich er sie dafür regelmäßig bestrafte, zeigte sich doch, dass er sich ihrer Anziehungskraft nicht entziehen konnte.

***

Eines Nachts war er besonders milde gestimmt. Es fiel ihr auf, als er den Raum betrat.

»Du bist schön«, sagte er, während er sich entkleidete.

Sie trat an ihn heran, um ihm dabei zu helfen.

Jeden Zentimeter Haut, den sie freilegte, küsste sie und er beobachtete sie lächelnd.

»Ich begehre dich«, knurrte er, als sie seine Hose öffnete und nach unten zog. Das hätte er ihr nicht sagen müssen, denn sein hartes Geschlecht sprang ihr entgegen und zeigte ihr zu gut, wie sehr er sie wollte.

Sie half ihm, aus der Hose zu steigen, und drückte ihn auf das Bett, sodass er darauf saß.

Laut sog er Luft in seine Lungen, als ihre Zunge ihn an der Schwanzspitze berührte. Ihr Blick ruhte auf seinen Augen, als sie sein Glied langsam in ihren Mund aufnahm. Wie viel sie gelernt hatte, seit sie bei ihm war! Er hatte sie zu seiner Lustsklavin erzogen – und sie war es widerspruchslos geworden. Sie hatte sich mit einer Leidenschaft für ihn geöffnet, die seine kühnsten Wünsche übertroffen hatte. Ja, sie wusste, dass er ihren heißen Mund auf seinem Schwanz mochte.

»Nimm ihn ganz auf«, verlangte er.

Sie drückte sein Glied in ihren Mund – unendlich langsam.

Dabei streichelte sie seine prall gefüllten Hoden. Es war ein Hauch einer Berührung und dennoch erschütterte sie sein Innerstes. Wenn sie ihn weiter auf diese Weise streichelte, würde er in wenigen Augenblicken in ihrem Mund abspritzen.

»Verschränk die Hände auf deinem Rücken«, befahl er.

Sie gehorchte und saugte und leckte gleichzeitig an seinem Schwanz.

»Du beherrschst das sehr gut«, presste er hervor, als sie ihn endlich ganz aufnahm. Ihre Zunge leckte über die Stelle unter der Peniswurzel.

»Und jetzt«, er stieß die Luft aus, als würde er sich mit aller Kraft beherrschen, »Fick mich mit dem Mund. So richtig schnell.«

Sie begann, sich auf seinem Schwanz zu bewegen. Dass sie dabei ganz leicht ihre Zähne einsetzte, brachte ihn halb um den Verstand.

Er roch ihre Lust.

»Es macht dich an«, stellte er zufrieden fest. Sie unterbrach nicht, ihn lustvoll zu verwöhnen.

Bevor er kam, packte er ihre Haare und hielt ihren Kopf fest.

»Nein, nicht du bestimmst meine Lust. Weißt du das denn noch immer nicht, meine wunderschöne Sklavin?« Er lachte auf, als er ihren verklärten Blick sah. Sie genoss das, was sie hier trieben, ebenso wie er. »Ich will meinen Schwanz in deiner nassen Grotte entleeren. Knie dich auf das Bett«, ordnete er an.

Keuchend erhob sie sich und kniete sich auf das Bett. Der Blick auf ihre tropfend nasse Öffnung ließ seinen Schwanz gierig zucken.

»So bereit für meine Lust.« Seine Hände streichelten über ihre Backen, zogen sie auseinander und öffneten ihre Schamlippen. Er setzte die Spitze seines Geschlechts an ihre Scheidenöffnung und benetzte ihn mit ihrem Saft, der ihm entgegenquoll. Ihr

Stöhnen verriet, wie sehr sie ihn wollte. Langsam versenkte er seinen prallen, harten Stab in ihrer Lusthöhle. Unendlich langsam und er sah, dass er sie damit quälte. Sie bebte vor ihm.

»Noch nie habe ich dich so langsam genommen«, sagte er leise. »Bis jetzt habe ich meine Gier gestillt. Aber weißt du, wie geil es ist, zu sehen, wie mein Schwanz sich in dich hineindrückt?« Er lachte.

Sie stöhnte.

»Es ist noch immer eine Herausforderung für dein enges Loch, mich aufzunehmen«, stellte er zufrieden fest.

Sie stöhnte, als er ganz in ihr war. Nicht so sehr die Dicke seines Schwanzes setzte ihr zu, vielmehr war es seine Länge, die sie immer wieder peinigte. Und dennoch genoss sie es, ihn so tief in sich zu spüren. Er spürte, dass sie ihm entgegenkam.

»Ich spüre an meiner Schwanzspitze das Ende deiner Lustgrotte«, hauchte er ihr ins Ohr. Er beugte sich nach vorn und küsste sie auf ihren Scheitel.

»Du bebst vor Lust. Mein Schwanz kann es fühlen.« Wieder lachte er.

Nein, sie zitterte am ganzen Körper, so sehr machte es sie an, von ihm auf diese Weise genommen zu werden.

Als er begann, sich kreisend in ihr zu bewegen, wimmerte sie.

»Du magst es, wenn ich dich ganz aufspieße, nicht wahr?«, flüsterte er.

Als Antwort drückte sie sich ihm noch deutlicher entgegen.

»Geiles Weibsstück.« Er lachte und zog sie noch näher an sich heran.

Endlich bewegte er sich rhythmisch. Hinaus – hinein – aber auch dabei ging er unglaublich langsam vor. Ihr Wimmern klang verzweifelt.

»Du willst es hart?«, fragte er leise.

»Ich … weiß es… nicht«, gab sie zu.

»Nein, heute nehme ich dich nicht wie sonst, Sklavin. Es geht auch sanft. Ich will, dass du auch diese Seite der Lust kennenlernst«, bestimmte er.

Seine Bewegungen waren weiterhin unerträglich langsam.

Als er ihr endlich erlaubte, sich auf den Rücken zu drehen, weinte sie vor unbefriedigter Lust.

Er schob sich über sie, drang in sie ein und bewegte sich zärtlich in ihr, bis sie den Höhepunkt erlangte.

»Du bist schön, wenn du leidest. Aber du bist noch viel schöner, wenn du liebst«, stellte er fest, bevor er sie innig küsste und sich dabei endlich zum Höhepunkt fickte.

Zitternd lag sie neben ihm, als er sich von ihr rollte.

Noch nie hatte er sie zärtlich geliebt. Für ihn war es ein befriedigendes Erlebnis gewesen. Er erkannte, dass auch diese Seite der Lust ungemein erfüllend war und zufrieden schlief er ein.

Gelja war aber viel zu aufgebracht, als dass sie hätte schlafen können. Sie überlegte, ob sie ihm von der Schwangerschaft erzählen sollte. Würde er sich freuen? Wie würde er reagieren? Ob er sich ebenso darüber freuen könnte, wie sie?

Aber was, wenn sie sich irrte? Was wäre dann?

Ihre Gedanken kreisten um die Begegnungen mit ihm. Hatte er nicht einmal gesagt, er wolle sie schwängern? Am Anfang, als er sie hierher gebracht. Er hatte es nie mehr wiederholt. War das ernst gemeint gewesen?

Als sie zu ihm aufblickte, bemerkte sie, dass ein Band seiner Maske sich geöffnet hatte. Reflexartig griff sie danach und verknotete die Enden der Bänder. In dem Moment erwachte er und packte ihre Hände.

»Was hast du getan, Sklavin?«, schrie er sie an.

Gelja sah ihn überrascht an. »Ich binde das Band neu, es hat sich geöffnet.«

Seine Ohrfeige traf sie hart und unerwartet.

»Du gottlose Lügnerin. Hast du gesehen, was du wolltest, oder bin ich eher erwacht?«

Da verstand Gelja, dass er dachte, sie hätte das Band in der Absicht gelöst, um sein Gesicht zu betrachten.

»Das, was Ihr mir vorwerft, Herr, habe ich nicht getan«, sagte sie ernst.

Doch er war so unbeschreiblich wütend auf sie, dass er ihr nicht zuhörte. Er zog seine Hosen und Tunika an, packte sie, schleppte sie nackt, wie sie war, aus dem Bett und aus seiner Kammer. Mit raschen Schritten zerrte er sie mit sich durch die Gänge, Stiegen hinab bis in eine Kammer, die mit Folterinstrumenten ausgestattet war. Gelja schrie vor Entsetzen, als sie sah, wo er sie hingebracht hatte. Er band sie bäuchlings auf einen Holztisch. Erinnerungen wurden wach in ihr und sie versuchte, ihm zu entkommen. Sosehr sie sich auch wehrte, er war stärker und es war ihm ein Leichtes, sie auf den Tisch zu fesseln. Ihre Angst schlug in Panik um.

»Nicht der Tisch, bitte!« Ihre Schreie klangen hysterisch, doch er schien sie nicht wahrzunehmen. Seine Wut steigerte sich ins Unermessliche. Sie hatte es gewagt! Sie hatte es tatsächlich getan! Sie hatte ihn betrachtet! Dabei wusste sie, dass es verboten war. Nie hatte er sie darüber in Unkenntnis gelassen!

»So beantwortest du also meine Güte dir gegenüber«, schrie er sie an.

»Nicht!« Sie weinte verzweifelt.

Siebzehn Mal sauste die Peitsche auf ihren Rücken, bevor sie ohnmächtig wurde. Dann endlich hörte er auf, sie zu schlagen. Doch seine Wut war noch lange nicht gewichen.

***

Als Gelja erwachte, war alles dunkel um sie herum. Sie konnte nichts erkennen. Es gab keine Lichtquelle. Auch als sich die Augen an das Dunkel gewöhnt hatten, sah sie nichts. Es roch modrig. Sie registrierte den Schmerz auf ihrem Rücken.

Wo war sie? Sie war noch immer nackt und sie fror entsetzlich. Langsam tastete sie die Umgebung ab. Sie lag auf gestampfter Erde. Wie ein Keller oder ein Verlies. Angst stieg in ihr auf. Ihr Körper war kalt und trotzdem schien sie zu schwitzen. Es raschelte neben ihr. Das Geräusch ließ sie zusammenfahren, und sie erkannte es sofort. Dieses Piepsen und Rascheln! Ratten! Um sie herum waren Ratten. Und die würden nicht lange warten. Wenn sie Hunger hatten, würden sie damit beginnen, Gelja anzuknabbern. Gelja schrie ihr Entsetzen in die Dunkelheit. Sie versuchte in der Wand eine Tür zu finden. Sie fand die Holztür mit den schweren Eisenbeschlägen und stellte fest, dass sie verschlossen war. Sie schrie ihre Angst in die Dunkelheit. Immer wahnsinniger wurden ihre Schreie. Endlich stieß sie sich an einem Möbelstück. Ihre Hände wanderten über das Holz, bis sie erkannte, dass es ein Tisch war, der hier vor ihr stand. Aber es gab keine Stühle darum.

Dieses Mal war ihr der Tisch willkommen. Eilig erklomm sie ihn und kauerte sich darauf. Wimmernd versuchte sie ihrer Angst Herr zu werden.

So fand sie der Hauptmann, als er ihr Essen brachte. Es bestand aus trockenem Brot und Wasser.

»Du weißt, weshalb du diese Strafe erhältst?«, fragte er sie mit harter Stimme.

»Ja«, sagte Gelja leise.

»Einen Mann hätte der Herr für dieses Vergehen getötet«, sagte der Hauptmann streng und stellte das Essen vor Gelja auf den Tisch. Bewundernd ließ er seinen Blick über ihre Nacktheit gleiten. Ihr Rücken zeugte von der Strafe, die sie für ihren Vertrauensbruch erhalten hatte. Und dennoch – sie war schön in ihrer Nacktheit. Sein Herr hatte sie hart bestraft. Sie musste Schmerzen haben und er las auch die panische Angst in ihrem Blick, als sie sich nach den Ratten umsah, die sie nun sehen konnte, da er eine Fackel mit sich trug.

Plötzlich runzelte er die Stirn. Könnte es sein, dass die Sklavin schwanger war? Ihr Körper war voller geworden. Er erinnerte sich genau an sie, als sie auf dem Pranger angeboten worden war. Aber jetzt sah sie anders aus. Ihre Brüste waren größer geworden, schien ihm. Nur zu gut erinnerte er sich an die junge Frau, die zur Versteigerung angeboten worden war.

»Darf ich mit meinem Herrn sprechen? Bitte«, bat Gelja leise.

»Er ist nicht da, Gelja. Er hat die Burg verlassen«, sagte der Hauptmann.

»Weshalb kennst du meinen Namen?«, fragte sie tonlos.

»Ich habe ihn auf dem Dorfplatz gehört, als du Obst feilgeboten hast, und du von anderen Dorfbewohnern angesprochen worden bist«, erzählte ihr der Soldat.

»Wie lange muss ich noch hier im Verlies bleiben?«, fragte sie nach.

»Bis er zurückkehrt, auf jeden Fall«, gab der Hauptmann zu.

Er sah, dass sie zitterte.

»Es ist mir nicht gestattet, dir die Strafe zu erleichtern«, klärte er sie auf.

Sie nickte und schwieg. Er sah ihre Tränen. Das Gespräch zwischen ihr und dem Herrn auf dem Weg zur Burg fiel ihm plötzlich ein.

»Er ist ein strenger Herr«, versuchte der Hauptmann das Gespräch neu zu beginnen.

»Er ist ein guter Herr«, sagte Gelja leise.

Überrascht sah sie der Hauptmann an. »Du weißt doch, dass ich dir nichts erleichtern kann. Warum sagst du das?«, fragte er überrascht.

»Noch nie im Leben ist es mir so gut gegangen wie in den letzten Wochen. Dass mit dem Band – ich habe es nicht gelöst. Egal, was er denkt. Du wirst mir ebenfalls keinen Glauben schenken. Und ich verstehe, dass es für mich nicht gut aussieht. Es ist jedoch die Wahrheit, wenn ich dir sage, dass es sich von selbst gelöst hatte. Ich habe bemerkt, dass es sich geöffnet hat, und habe es wieder zusammengebunden. In genau diesem Moment ist der Herr erwacht. Er dachte, ich hätte versucht… und das ist verständlich. Er kennt mich noch zu wenig, als dass er mir in diesem Punkt Glauben schenken könnte.«

»Du versuchst gerade, deine Strafe zu mildern«, warf ihr der Soldat vor.

Sie sah ihn an und schüttelte den Kopf. »Nein, das versuche ich nicht. Seine Reaktion ist zum Teil verständlich. Ich sagte dir bereits, dass er ein guter Herr ist. Mein Vater war launisch und ungerecht. Er bestrafte mich täglich für irgendetwas. Meist habe ich nichts damit zu tun gehabt, was er mir vorgeworfen hatte. Er bestrafte mich und ich musste oft in den Keller zu den Ratten. Mein Herr hatte diese Strafe bei mir lediglich für den Vertrauensbruch gewählt, den er mir vorwirft. Natürlich musste er denken, dass ich das Band gelöst hätte.«

Der Soldat betrachtete sie nachdenklich. Er war fast geneigt, ihr zu glauben. Aber er konnte ihr Los nicht verbessern.

***

Bereits die zweite Woche war verstrichen und der Hauptmann brachte Gelja das karge Mahl, das vom Burgherrn festgelegt war. Er hatte ihr nach ihrem ersten Gespräch eine Decke zugestanden, da die Kälte ihr mehr und mehr zusetzte. Auch hatte er ihr eine Fackel im Verlies gelassen, die er immer rechtzeitig erneuerte, damit die Dunkelheit gebannt war. Das Wasser, das er brachte, wärmte er ein wenig an. Es war zu wenig, um ihr Los merklich zu verbessern, das war ihm klar. Mehr und mehr war er davon überzeugt, dass Gelja die Wahrheit sagte. Er wollte mit dem Herrn darüber sprechen, sobald dieser zurückkehrte.

Die Tür ihres Verlieses stand offen, als er dort ankam – und als er eintrat, sah er seinen Herrn, der vor Gelja stand und offensichtlich auf eine Antwort wartete.

»Gestehe«, knurrte er sie an.

Doch Gelja schüttelte nur den Kopf. Sie hielt sich selbst mit ihren Armen umschlungen. Die Decke hielt der Maskierte in der Hand.

»Ich kann die Wahrheit aus dir herausquetschen«, fuhr er sie an.

»Ja, vermutlich könntet Ihr das, Herr«, antwortete Gelja ruhig.

Die Ohrfeige, die sie traf, überraschte sie weniger als die Erste vor zwei Wochen.

Als der Maskierte seinen Hauptmann sah, funkelte er ihn zornig an. »Weshalb hast du ihr eine Decke gebracht?« Sein Atem war in der Kälte gut sichtbar.

»Sie trägt dein Kind, Herr. Ich wollte dein Kind schützen«, gab der Hauptmann zu.

Überrascht drehte sich der Maskierte zu Gelja und betrachtete sie. »Stimmt das?«, fragte er.

Gelja nickte nur.

»Seit wann weißt du, dass du mein Kind trägst?«, fragte er sie mit rauer Stimme.

»Ich vermutete es zum ersten Mal vor drei Wochen«, gestand sie.

»Weshalb hast du nichts gesagt?«, brüllte der Maskierte.

»Ich wollte mir ganz sicher sein«, antwortete Gelja leise.

»Du bist eine Lügnerin«, brach es aus ihm hervor. »Ich sollte dich hier unten bei den Ratten verrecken lassen.«

»Tötet mich, wenn ich das Kind geboren habe – wenn Ihr mich so sehr hasst«, antwortete sie tonlos. »Aber ich bitte Euch, das Leben Eures Kindes zu schonen. Nicht für mich, sondern für das Kind bitte ich.«

»Ich werde darüber nachdenken«, sagte der Maskierte, packte die Fackel, die ihre Zelle erhellt hatte, und verließ den Kerker. Die Botschaft war allen klar. Er erlaubte ihr weder die Decke noch das Licht. Er überließ es dem Hauptmann, die Zelle zu versperren.

Der Hauptmann folgte schweigend seinem Herrn.

»Es war gut, dass du ihr Licht und Decke gebracht hast«, sagte der Maskierte.

»Sie... ich denke, es stimmt, was sie sagt«, begann der Hauptmann vorsichtig.

»Was sagt sie denn?«, fragte der Herr spöttisch.

Der Waffenbruder erzählte ihm von den Gesprächen, die er mit Gelja in den letzten zwei Wochen geführt hatte.

»Und du glaubst ihr?« Der Mund des Burgherrn verzog sich zu einem spöttischen Lächeln. Doch er dachte über das, was der Hauptmann ihm erzählt hatte, nach.

Leise kehrte der Maskierte zur Zelle zurück. Er hörte Gelja singen. Sie sang tatsächlich. Er öffnete die Tür und leuchtete in die Zelle. Gelja saß auf dem Tisch, sie hielt sich selbst umschlungen und sang leise vor sich hin.

»Was tust du?«, fragte er überrascht.

»Ich versuche, meinem Kind Mut zu machen. Meine Angst ist so groß und ich will nicht, dass mein Kind zu viel von meiner Angst fühlt. Wenn ich singe, dann ist es wenigstens abgelenkt«, flüsterte Gelja.

»Törichtes Ding«, knurrte er und trat an sie heran. Ängstlich wich sie zurück. Er nahm sie auf seine Arme und trug sie aus dem Kerker. Als er auf den Hof trat, zitterte Gelja vor Kälte.

»Du musst dich reinigen«, sagte der Maskierte. »Dein Gestank ist kaum auszuhalten.«

Dennoch trug er sie nicht in das Badehaus. Er brachte sie in die Küche und gab ihr zu essen.

Gelja brachte kaum einen Bissen hinunter. Was war nun wieder geschehen?

Nachdem er sie genötigt hatte, wenigstens eine Kleinigkeit zu essen, brachte er sie in seine Kammer. Er registrierte, dass die Spuren der Auspeitschung fast verschwunden waren. Sie war jung und Wunden heilten rasch.

Ein Zuber mit dampfendem Wasser war darin vorbereitet. Gelja jauchzte, als sie in das warme Wasser tauchte.

»Das ist wunderbar! Danke, Herr«, sagte sie immer wieder, während sie sich reinigte. Sie lachte, tauchte unter und bedankte sich laufend bei dem Mann, der sie wortlos beobachtete. Sie streichelte über ihren Bauch und flüsterte: »Siehst du, ich habe es dir gesagt, er ist nur verärgert.«

»Lass den Unsinn und antworte mir«, herrschte er sie an.

Ihre Augen strahlten, als sie in seine blickte. »Ich beantworte jede Frage, die Ihr an mich richtet, Herr«, sagte sie.

»Hast du das Band geöffnet? In jener Nacht – du weißt, wovon ich rede.«

»Ich weiß, wovon Ihr sprecht, Herr. Nein, ich habe versucht, die Bänder, die geöffnet waren, zu verknoten.«

»Du hättest mein Gesicht ansehen können«, sagte er.

»Ich habe nicht vorgehabt, es zu tun, Herr«, antwortete sie leise.

»Weshalb sollte ich dir glauben?«, fragte er sie.

»Diese Frage kann ich Euch nicht beantworten, Herr«, antwortete sie.

Schweigend beobachtete er sie, während sie sich wusch. Sie seifte auch ihre Haare ein und verschwand im Wasser, tauchte wieder auf und lächelte ihn an.

»Danke, Herr. Das Bad, es ist so herrlich«, sagte sie leise.

»Du bist eine geschickte Lügnerin. Keine Frau widersteht einer derartigen Versuchung«, sagte er mürrisch.

»Wie viele Nächte habe ich neben Euch gelegen, Herr?«, fragte sie ihn nachdenklich.

»Vergisst du schon wieder, dass es dir nicht gestattet ist, mir Fragen zu stellen?« Am Tonfall merkte sie, dass er noch immer zornig war.

»Ich möchte ja nur sagen, dass ich fast jede Nacht die Möglichkeit gehabt hätte, die Bänder zu öffnen.«

»Aber du hast es vielleicht bis zu dieser unseligen Nacht nicht gewagt, weil es die erste Nacht gewesen ist, in der ich sanft zu dir gewesen bin. Und auf diese Weise hast dich dafür bedankt«, sagte er.

»Was wäre anders gewesen in jener Nacht, was die Bänder betrifft? Ich kann nichts beweisen. Ich kann auch nichts berichtigen, wenn Ihr mir nicht glauben wollt, Herr«, antwortete sie ernst.

»Du entgehst deiner Strafe nicht, nur weil du mein Kind trägst«, knurrte er.

»Ich dachte, der Kerker war die Strafe.« Gelja erblasste.

»Nein, er ist ab jetzt dein Zuhause, wenn ich nicht auf der Burg bin. Betrachte ihn als dein Gästezimmer«, sagte er gehässig.

Er sah, dass Gelja die Augen schloss und leicht den Kopf schüttelte. Ihr Puls raste, er sah es deutlich an ihrem Hals. Jetzt hatte sie Angst.

»Das nicht, ich flehe Euch an, Herr. Das nicht mehr. Bitte!« Ihre Stimme war kaum hörbar.

»Ich habe dir immerhin einen Tisch geboten, damit du dich daraufsetzen kannst.« Seine Stimme klang sogar in seinen Ohren gemein.

»Wenn das nur mein ›Gästezimmer‹ gewesen ist, welche Strafe erwartet mich dann?«, fragte sie ihn, obwohl sie wusste, dass sie nicht fragen durfte.

»Neben deinem Gästezimmer gibt es einen Raum, den wir

zur peinvollen Befragung der Leute, die nicht reden wollen, verwenden. Du kennst ihn bereits. Dort werde ich dich befragen, und wenn du deine Tat gestanden hast, dann werde ich dir das Ausmaß der Strafe kundtun«, sagte er ungerührt.

Gelja war so blass geworden, dass ihre Gesichtsfarbe dem Leinentuch glich, das sie nun, als sie aus dem Wasser stieg, um sich hüllte.

Was sollte sie tun? Sollte sie sich vor seine Füße werfen? Ihn anflehen, sie gleich zu töten?

Es klopfte an der Tür. Der Hauptmann trat ein.

»Es sind Gäste gekommen, Herr«, sagte er mit irritiertem Blick. »Der Inquisitor und seine Helfer«, fügte er hinzu.

»Ich habe sie eingeladen. Wir haben eine peinvolle Befragung durchzuführen«, sagte der Maskierte und blickte auf Gelja und ihre rote Lockenpracht, die gerade trocknete.

»Ihr wollt Gelja…?«, fragte der Hauptmann bestürzt. Es war jedem klar, wie diese Befragung ausgehen würde. Gelja würde als Hexe hingerichtet und dem Feuer übergeben werden. Aber das wäre nicht das Schlimmste. Die Befragung war schlimmer als die anschließende Hinrichtung. Sie würde bis zur Unkenntlichkeit verstümmelt zur Hinrichtung gezerrt werden.

»Bitte unsere Gäste in die Halle, ich werde sie in Kürze empfangen«, sagte der Maskierte. Der Hauptmann nickte und zog sich zurück.

Gelja hatte sich dem Fenster zugewandt und blickte mit leeren Augen auf den Hof. »Selbst wenn ich das Band geöffnet hätte, was ich aber niemals getan habe, Herr, dann hätte ich diese Strafe nicht verdient«, sagte sie traurig. »Wenn Ihr mich hasst, werde ich es ertragen – auch wenn das bedeutet, dass ihr mir den Tod wünscht. Aber ich flehe Euch an, das Kind … Es ist doch auch Euer Kind. Lasst es mich wenigstens zur Welt bringen. Sonst erbitte ich nichts von Euch.«

»Halte dich bereit«, sagte der Maskierte und verließ die Kammer.

Die Nacht verbrachte Gelja in ihr Leintuch gehüllt vor dem Kamin kauernd, in dem das Feuer heruntergebrannt war, als der Maskierte den Raum betrat. Gelja schlief auf dem Boden und ihre verweinten Augen waren geschwollen.

»Weshalb bist du nicht im Bett?«, fragte er laut und Gelja schreckte hoch.

»Wieso bist du hier vor dem Kamin und nicht im Bett?«, wiederholte er.

»Ihr habt mir nicht erlaubt, ins Bett zu gehen, Herr. Und hier ist es warm«, sagte Gelja irritiert.

Der Maskierte lachte freudlos auf. »Mit einem Mal so gehorsam, Sklavin?«

Gelja schwieg.

Er trat zu ihr und schälte sie grob aus dem Leinentuch. Ihr Körper lockte ihn, wie immer, wenn er ihn sah. Er hob sie auf seine Arme und trug sie zum Bett. Seine Sehnsucht war so groß, dass er sich keine Zeit nahm, sich zu entkleiden. Er öffnete lediglich seine Hosen, holte sein hartes Glied hervor und wälzte sich auf Gelja.

»Öffne dich für mich«, befahl er und spreizte mit seinen Knien ihre Schenkel. Gelja fühlte, dass er seine harte Männlichkeit in sie hineinpresste. Die sofortige Vereinigung schmerzte, da sie nicht bereit war für ihn. Gelja ließ ihn gewähren, streichelte über seinen Rücken. Als er fühlte, dass sie feucht wurde, bewegte er sich heftig und drang tiefer in sie. Er erreichte rasch den Höhepunkt und löste sich sofort von ihr. Dass sie weinte, schien er nicht zu merken.

»Du bist sehr ansehnlich – eigentlich schade um dich.« Seine Stimme war ein dunkles Knurren. Rasch stand er auf, ganz so, als ertrage er es nicht, länger bei ihr zu sein.

Gelja fühlte sich gedemütigt, wie nie zuvor. Selbst als man sie nackt auf dem Pranger versteigern wollte, war die Demütigung nicht so groß gewesen wie in diesem Augenblick. Aber sie schwieg.

»Die Sonne geht bald auf, um fünf Uhr ist die Messe in der Kapelle. Danach beginnt die Befragung«, teilte er ihr mit.

Gelja nickte, um ihm zu zeigen, dass sie ihn verstanden hatte.

Nun, da ihr klar schien, dass er sie der Inquisition übergeben würde, erkannte sie, dass sie selbst handeln musste, um ihr Kind zu retten.

»Möchtest du die Messe besuchen? Es könnte dir dienlich sein«, meinte er.

»Ich habe nichts anzuziehen«, erinnerte ihn Gelja. Sie war nackt hierhergebracht worden und bis jetzt hatte sie kaum Kleidung erhalten. Nur wenn sie in der Küche arbeitete, erhielt sie extra von ihrem Herrn ein Kleid, um das Zimmer verlassen zu können. Aber er bewahrte es in einer Truhe auf, zu der nur er den Schlüssel hatte. Sie hatte keinen Zugang zu diesen Kleidern.

»Ach ja, ich vergaß. Das wird unter Umständen ein wenig Zeit sparen bei einem eventuellen Verhör. Na ja, die Messe fällt dann wohl für dich aus.« Er grinste tatsächlich.

»Darf ich eine Frage stellen?« Gelja musste es wissen.

»Was möchtest du wissen?«

»Weshalb ist es tödlich, Euer Gesicht zu sehen, oder es sehen zu wollen?«, fragte sie mit dem Mut der Verzweifelten.

»Ich gestatte es einfach niemandem. Wer dagegen handelt, erweist sich als mein Feind«, antwortete er scharf.

»Weshalb tragt Ihr eine Maske?«, wollte Gelja wissen.

»Das – geht – dich – verdammt – noch - mal – nichts – an!« Er packte sie grob an den Haaren und zwang sie, ihm in die Augen zu sehen.

»Wage es nie wieder, diese Frage zu stellen!« Damit stieß er sie von sich, wandte sich ab und verließ den Raum.

Gelja lauschte seinen Schritten, die sich entfernten. Dann handelte sie schnell. Sie öffnete die Gewandtruhe ihres Herrn und zog wahllos eine Hose und ein Hemd heraus. Rasch kleidete sie sich an. In einer zweiten Truhe fand sie eine dicke Wolldecke, die sie als Mantel nutzen wollte. Sie hatte beobachtet, dass am frühen Morgen das Burgtor geöffnet wurde, damit Bauern die Messe besuchen konnten.

Gelja zögerte nicht mehr. Leise trat sie aus dem Raum. Der Maskierte hatte in seinem Zorn tatsächlich vergessen, die Tür zu versperren. Sie schlich zur Wendeltreppe, die in die Küche führte. Unten angekommen suchte sie ein paar Lumpen für die Füße. Niemand war in der Küche anzutreffen, da alle die Messe besuchten. Gelja eilte weiter.

Die Wolken hingen tief, es würde Schnee geben. Gelja wusste, dass es im Wald Höhlen gab. Wenn sie eine erreichte, könnte sie vielleicht überleben. Sie brauchte nur zu den Bergen laufen, die im Norden aufragten.

Alles war besser, als hier zu Tode gefoltert zu werden.

In einen Leinensack stopfte sie ein paar Lebensmittel – ein paar Stücke Brot und etwas Käse. Sie würde eine Weile auskommen. Und danach musste sie eben auf die Jagd gehen. Ein Messer fand ebenfalls den Weg in den Sack.

Gelja schulterte ihr Überlebenspaket, wickelte sich in die Wolldecke und schlich zu den Stallungen. Nein, sie wagte es nicht, ein Pferd zu stehlen. Aber aus dem Stall führte eine Tür, durch die der Mist geworfen wurde. Über die konnte sie ihre Flucht beginnen, ohne dass sie gesehen werden würde.

Sie schaffte es tatsächlich, die Burg unentdeckt zu verlassen. Die Wachen waren säumig, stellte sie fest. Sie hätte es ihrem Herrn gesagt, wären die Dinge anders gewesen. Aber nun war diese Tatsache ihr Glück.

Etwa eine halbe Stunde, nachdem sie die Burg verlassen

hatte, begann es zu schneien. Der Himmel war mit ihr. Bald waren ihre Spuren nicht mehr sichtbar und von der weißen Pracht, die nun immer dichter auf sie herabfiel, zugedeckt.

***

Der Maskierte trat in die Folterkammer und sah auf den Gefangenen, der mit gefesselten Händen vor dem Inquisitor stand.

»Du hast deiner Tochter übel mitgespielt«, sagte er streng.

»Ich habe versucht, diese Hexe zu einem ordentlichen Weib zu machen, aber es war kaum möglich. Sie blieb widerspenstig und bockig«, verteidigte sich Geljas Vater. Er hatte Angst vor dem Inquisitor. Der Maskierte konnte es deutlich sehen.

»Sie ist weder eine Hexe noch ist sie widerspenstig«, knurrte der Maskierte.

»Hat sie Euch bereits verhext?«, fragte der Gefangene und grinste gemein.

»Nein«, sagte der Maskierte.

»Wo ist diese Frau?«, wollte der Inquisitor wissen. »Bringt sie her, dann können wir sie ebenfalls befragen.«

Der Maskierte erkannte die Falle des Vaters. Gelja hatte rotes Haar, sie war klug und schön. Bei einer Begegnung mit dem Inquisitor würde sie wahrscheinlich als Hexe denunziert werden.

»Sie ist nicht mehr da«, log der Maskierte mit ruhiger Stimme.

»Das ist eine Lüge!«, rief Geljas Vater. »Er hat sie zu seiner Hure gemacht und sie hat ihn verhext, wie sie alle Männer des Dorfes verhext hat! Ich habe versucht, diesem Weib die Hexerei auszutreiben, aber sie hat sich mir geschickt entzogen und ist zu ihrem nächsten Opfer gereist, um es zu blenden.«

Der Inquisitor blickte auf den Maskierten.

»Wir müssen diese Sache überprüfen«, sagte er streng.

»Hätte ich Euch auf die Burg gerufen, wenn er die Wahrheit spräche?«, fragte der Maskierte.

Was war er doch für ein Narr gewesen. Er selbst hatte diese unglückliche Situation in seinem Drang, den Alten grausam zu bestrafen, heraufbeschworen. Jetzt war seine Sklavin in höchster Gefahr. Und er würde das Unheil nicht abwenden können.

»Hexen sind meisterhaft darin, zu täuschen«, dozierte der Inquisitor. »Es wird leicht sein, zu überprüfen, ob du die Wahrheit sprichst.«

Er wandte sich an seine Begleiter. »Durchsucht die Burg«, befahl er seinen Helfern.

Die Soldaten schwärmten aus. Der Maskierte konnte nichts tun, als zu warten, dass man Gelja hierherbringen würde. Wie konnte er ihr helfen? Seine Angst um sie stieg.

Doch die Schergen des Inquisitors kamen allein zurück.

»Wir haben die Frau nicht gefunden. Keiner der Leute, die wir gefragt haben, will sie gesehen haben«, sagte ihr Anführer der Gruppe.

Der Maskierte war erleichtert. Wie hatte Gelja das nur geschafft? Oder hatte ihr der Hauptmann geholfen?

»Ich sagte doch, die Frau ist nicht mehr hier. Sie hat mich gebeten, weiterziehen zu dürfen, und ich habe ihrem Wunsch stattgegeben.«

»Wo ist sie hin?«, wollte der Inquisitor wissen.

»Sie ist mit einem fahrenden Sänger gegangen«, log der Maskierte. »Aber diesen Mann hier, ihren Vater, den stelle ich unter Anklage. Er hat seine Tochter gequält und sie von seinen Freunden schänden lassen.«

Der Alte krümmte sich und winselte. »Kein Grund, um mich vor den Inquisitor zu stellen«, brummte er.

»Das ist ein schlimmes Vergehen«, sagte der Burgherr unbarmherzig. »Ich überlasse ihn Euch.«

Er übergab den Gefangenen dem Inquisitor.

»Wir werden überprüfen, ob er nicht selbst ein Ketzer ist.«

Der Inquisitor nickte dem Burgherrn zu, der sich abwandte, um das Verlies zu verlassen. Er musste Gelja finden.

Doch sosehr er sie auch suchte, er fand sie nicht. Er sah die offenen Truhen, als er in sein Zimmer kam und dachte erst, dass sie von den Schergen des Inquisitors geöffnet worden waren. Aber dann bemerkte er, dass ein Gewand daraus fehlte.

Sie war unter den Soldaten. Wie klug sie doch war!

Aber auch da fand er Gelja nicht.

Als er über den Hof ging, hörte er die Schmerzensschreie des Gefangenen, der vom Inquisitor peinvoll befragt wurde. Er nickte. Sein Plan war doch aufgegangen. Nur – wo war Gelja?

***

Es war Abend geworden und Gelja blieb verschwunden. Der Inquisitor sprach beim Abendessen davon, dass er den Gefangenen, der alle Taten detailliert gestanden hatte, zum Bischof bringen würde, der das Urteil über ihn sprechen würde. Der Maskierte vermutete, dass der Mann die Reise zum Bischof wahrscheinlich nicht überleben würde. Die Folter war hart gewesen. Er mimte den rührigen Gastgeber und zog sich endlich kurz nach Mitternacht zurück.

Der Hauptmann wartete vor seinem Zimmer. Der Maskierte zog ihn in seine Kammer und fragte flüsternd, was er herausgefunden hätte.

»Der Stallbursche hat beim Tor für den Mist Spuren entdeckt. Ich fürchte, Gelja ist geflohen«, flüsterte er seinem Herrn zu.

»Morgen, wenn der Inquisitor und sein Tross aufgebrochen sind, werden wir sie suchen«, verfügte der Maskierte.

»Die Nacht ist kalt«, gab der Hauptmann zu bedenken.

Der Winter war mit voller Härte ins Land gekommen.

»Ja, aber in der Nacht werden wir ihre Spur ohnehin nicht finden – und wir würden uns verdächtig machen. Außerdem könnten wir sie nicht zur Burg zurückbringen, solange der Inquisitor hier ist«, stellte er flüsternd klar.

Der Hauptmann nickte und verließ die Kammer seines Herrn. Der Maskierte hoffte, Gelja würde die Nacht überleben.

***

Nach der Morgenmesse brach der Inquisitor mit seiner Truppe und dem armselig zugerichteten Gefangenen auf. Der Gefolterte wurde in einem Wagen gefahren. Er schien fast nicht bei Bewusstsein. Mit irrem Blick sah er auf die Burg, von der er sich langsam entfernte.

Der Maskierte und sein Hauptmann warteten ungeduldig, bis der schaurige Zug außer Sicht war.

»Wir müssen noch eine halbe Stunde warten, sonst erregen wir Aufmerksamkeit der Schergen der Inquisition«, sagte der Hauptmann.

Der Maskierte nickte. »Aber keine Minute länger.«

Die ganze Nacht über hatte es geschneit. Es war noch kälter geworden und der Maskierte machte sich zum ersten Mal Sorgen, ob Gelja überhaupt die Nacht im Freien hatte überstehen können. Ihre Spur zu verfolgen war nicht möglich. Aber, wenn sie klug war, dann hatte sie die Höhlen aufgesucht, und dorthin ritten die beiden Männer nun. Es war mühsam, sich mit dem Pferd einen Weg durch den verschneiten Wald zu bahnen. Als sie das Geheul von Wölfen hörten, beschleunigten die beiden Männer ihr Tempo, so gut es im hohen Schnee möglich war.

Die erste Höhle kam in Sicht. Sie sahen, dass ein Wolfsrudel beim Eingang versammelt war. Als sie sich näherten, erblickten sie Gelja, die sich, mit einem Stock bewaffnet, gegen einen der Wölfe zur Wehr setzte.

Dieses verrückte Ding. Dachte sie tatsächlich, sie hätte gegen diese hungrige Meute auch nur den Hauch einer Chance? Der

Maskierte zog sein Schwert und trieb sein Pferd an. Der Hauptmann zog einen Pfeil aus dem Köcher, legte an und schoss. Der Wolf, der Gelja bedrängte, brach tot zusammen. Gelja schrie auf und starrte auf die beiden Männer, die zur Höhle eilten.

Der Kampf dauerte nur kurz. Noch drei Wölfe wurden getötet und der Rest der Tiere floh in den Wald.

Der Maskierte sah, dass Gelja keine Schuhe trug. Ihre Lumpen hatte sie verloren. Ihre Füße waren blau vor Kälte. Seine Hose hatte sie hochgekrempelt, weil die Beinlinge viel zu lang für sie waren. Wie sie nur aussah, in Männerkleidern! Die Hose lag eng an ihrem Körper und überließ nichts der Fantasie. Ihre Hüften und ihre langen Beine, alles war überdeutlich zu erkennen! Niemand sollte sie so sehen!

Trotz seines aufsteigenden Zornes betrachtete er sie genauer. Sie war am Arm verletzt. Blut rann auf den Boden und Gelja wirkte blass. Verdammt, sie musste zurück auf die Burg!

Als er sie auf sein Pferd heben wollte, wich sie zurück.

»Du kommst mit mir«, befahl er.

»Nein«, sagte sie ruhig. »Ich lasse mich nicht vor den Inquisitor führen.«

»Der Inquisitor ist weg. Er hat den Gefangenen, der angeklagt war, mitgenommen.«

»Ich glaube Euch nicht«, sagte sie mit zitternder Stimme. So fror entsetzlich.

»Er sagt die Wahrheit«, bestätigte der Hauptmann. »Gelja, du bist verletzt. Komm mit uns, damit wir die Wunde versorgen können. Hier findest du den Tod.«

Doch Gelja schüttelte nur den Kopf.

»Es ist besser, hier zu erfrieren oder von den Wölfen getötet, als vom Inquisitor zu Tode gefoltert zu werden.«

»Verdammt, Gelja, es ist jetzt keine Zeit für dumme Spielchen. Der Tag ist kurz, der Wind bringt neuen Schnee. Es wird kälter. Wenn du hierbleibst, dann wirst du die Nacht nicht überleben«, knurrte der Maskierte.

»Das ist doch das, was Ihr wolltet, Herr«, sagte sie.

»Ich hätte deinem Vater glauben sollen, als er sagte, du seiest widerspenstig«, schrie der Maskierte verärgert.

Er stieg ab und folgte der Fliehenden in die Höhle. Als er sie erreichte, packte er sie und zog sie mit sich, ohne auf ihren Widerstand, der ohnehin kraftlos war, zu achten.

Gelja wehrte sich, so gut sie es vermochte. Aber auf einmal verließen sie die letzten Kräfte. Die Kälte lähmte sie ebenso wie ihre Angst. Schluchzend brach sie zusammen und ließ es zu, dass sie auf einem Sattel gezogen wurde. Sie wurde von zwei kräftigen Armen gehalten. Der Hauptmann reichte dem Maskierten die Decke, die Gelja auf der Flucht mitgenommen hatte. Die Reste ihres Proviants nahm er mit sich auf sein Pferd. Mit einem Seil fixierte der Hauptmann auf jedem der Pferde die toten Wölfe. Niemand würde auf diese wertvollen Felle verzichten wollen. Er saß auf und dann ging es zurück zur Burg.

Als Gelja dachte, sie würde jeden Moment erfrieren, erblickte sie die Burg und ihr schwanden die Sinne.

Als der Maskierte durch das Burgtor ritt, hielt er die bewusstlose Gelja in seinen Armen – eng an seine Brust gedrückt, um sie zu wärmen.

***

Gelja erwachte im Zimmer ihres Herrn. Sie lag – eingehüllt in warme Decken – auf dem großen Bett. Im Kamin prasselte Feuer, das den Raum angenehm wärmte.

»Bist du endlich wach?«, hörte sie die vertraute Stimme ihres Herrn neben sich.

Sie blickte sich um und sah ihn neben sich liegen.

»Du hast fast drei Tage und Nächte geschlafen. Dein Ausflug hat dich erschöpft und dir fast den Tod gebracht«, warf er ihr vor.

»Es ist ein besserer Tod, zu erfrieren und gegen den Winter zu kämpfen, als von grausamen Schergen der Inquisition zu Tode gefoltert zu werden«, antwortete sie leise.

»Du weißt also, was passiert ist. Dein Geist ist klar«, stellte er zufrieden fest.

»Ich habe Durst«, sagte sie. Sie wirkte schwach. Nie würde sie die durchlebten Ängste vergessen.

»Weshalb bist du geflohen?«, wollte er wissen. Er war aufgestanden und brachte ihr einen Becher Wasser.

»Ihr wolltet mich vor den Inquisitor bringen«, warf sie ihm vor.

»Das stimmt nicht«, widersprach er.

»Ihr habt es gesagt«, entgegnete sie.

»Nein, ich habe lediglich gesagt, dass er da ist oder dass du dich bereithalten sollst. Und ich sagte, dass er verhören wird. Nie habe ich gesagt, dass du verhört werden würdest«, sprach er weiter.

Gelja dachte nach und musste zugeben, dass das tatsächlich stimmte.

»Aber Ihr habt auch nie gesagt, dass ich es nicht sein werde. Ihr wusstet, dass ich das glauben würde. Ihr sagtet auch, dass es Zeit sparen würde, wenn ich keine Kleider trüge. Es sollte Zeit sparen, beim Verhör«, sagte sie zögernd.

»Das stimmt. Ich wollte, dass du dich ängstigst«, gab er zu. »Das sollte deine eigentliche Strafe wegen deines Vergehens mir gegenüber sein.«

»Weshalb?«, fragte sie. Sie schien vergessen zu haben, dass sie ihm keine Fragen stellen sollte. Und er schien es auch nicht zu bemerken.

»Weil ich es mag, dich ein wenig zu quälen, Gelja. Weißt du das denn nicht?«

»Ihr habt mich nicht nur ein wenig gequält. Ich habe mich zu Tode geängstigt. Ich dachte, dass ich getötet werden würde«, gestand sie.

»Das wäre auch beinahe passiert«, sagte er mit rauer Stimme.

»Ich verstehe nicht.« Sie sah ihn fragend an.

»Du wärst fast umgekommen. Im Wald, bei den Wölfen. Nie hättest du das Rudel besiegen können, dem du ohne Waffe gegenübergetreten bist«, sagte er.

»Nicht ich bin ihnen entgegengetreten, Herr. Glaubt mir. Es war schon eher umgekehrt.« Sie war aufgebracht und zitterte – aber dieses Mal nicht vor Kälte.

»Ist dir kalt?«, fragte er.

Sie schüttelte den Kopf und starrte ins Leere, als sähe sie alles noch einmal vor sich. »Ich habe in der Höhle übernachtet. Es war so kalt und es war so viel Schnee gefallen, dass ich losziehen musste, um Feuerholz zu suchen. Ohne Feuer hätte ich die zweite Nacht nicht überlebt«, erzählte sie mit tonloser Stimme.

»Ich dachte an das Kind, für das ich weiterleben wollte. In der Stille des Schneefalls liegen zu bleiben und zu warten, bis die Müdigkeit käme, das war plötzlich sehr verlockend. Es war so einladend, einfach aufzugeben. Als ich aus der Höhle trat, stand plötzlich vor mir ein Wolf. Und mit jedem Wimpernschlag wurde es einer mehr. Ich packte einen Prügel und schlug um mich. Die Wölfe sprangen vor und einem gelang es, mich am Arm zu packen. Plötzlich brach der Wolf zusammen. Ich sah den Pfeil, der ihn getötet hatte und auf einmal wart Ihr da. Ihr habt mein Leben gerettet. Aber wieso? Ihr rettet mich, um mich zum Inquisitor zu bringen?«

»Ich habe dir gesagt, dass der Inquisitor sein Verhör beendet hat und weitergezogen ist. Du warst nicht für ihn bestimmt. Merk es dir endlich.« Der Maskierte war nun wirklich kein geduldiger Mensch.

»Darf ich Euch eine Frage stellen, Herr?«, fragte Gelja zögernd.

»Ja, Gelja«, sagte er mit überraschender Zärtlichkeit in der

Stimme.

»Welche Strafe habt Ihr für mich bestimmt, dafür, dass ich fortgelaufen bin?«, fragte sie leise.

»Keine. Du sollst die ganze Geschichte wissen.«

Er machte eine kleine Pause, bevor er weitersprach.

»Der Gefangene, der zur peinvollen Befragung übergeben wurde, war dein Vater«, erzählte er.

Noch einmal machte er eine Pause und gab ihr die Möglichkeit, zu reagieren, was er sagte. Doch sie blickte ihm nur in die Augen und wartete.

»In den Tagen meiner Abwesenheit bin ich zu einigen Dörfern geritten und habe wichtige Dinge geregelt, was dringend erledigt gehörte. Auf der Rückreise habe ich deinen Vater gefangen genommen, um ihn vor Gericht zu stellen. Das, was er dir angetan hat, verdient es, bestraft zu werden. Gelja, er wird wahrscheinlich an den Folgen der erlittenen Folter sterben oder durch den Befehl des Bischofs hingerichtet werden. Aber das war die Strafe, die ich für ihn bestimmt habe. Wie gesagt, es ist unklar, ob er die Reise zum Bischof überstehen wird. Schon allein wegen der Kälte. Außerdem hat er bei der Befragung viel Blut verloren. Selbst bei seinem Verhör versuchte er noch, dich ins Verderben zu stürzen. Er hat dich mehrmals der Hexerei bezichtigt und anfangs behauptet, du hättest mich verzaubert. Dann hat er während der Folter ausgesagt, dass du ihn dazu verführen wolltest, sich mit dir zu vergnügen. Doch im Laufe des Verhörs erzählte er die wahre Geschichte. Auch, dass er dich seinem alten Freund zur Frau angeboten hatte, weil dieser vorgehabt hatte, dich an andere Männer zu vermieten und das Geld mit ihm zu teilen.«

Er holte tief Luft, bevor er weitersprach. »Der Inquisitor hat mich nach dir gefragt und ich habe gesagt, dass du nicht mehr auf der Burg seist. Ich hätte meine Lust an dir gestillt und du seist mit einem Wanderbarden weitergezogen, war meine Antwort gewesen. Aber er hat mir nicht geglaubt, da er in dir ja eine Hexe vermutete. Daraufhin ließ er die Burg durchsuchen. Seine Schergen suchten alles ab. Jeden Raum durchsuchten sie und jedes mögliche Versteck fanden sie. Anfangs dachte ich, du hättest ein unglaublich gutes Versteck gefunden. Aber du bliebst unauffindbar. Bis der Stallbursche uns zum Abwurf im Stall brachte. Da war uns klar, dass du geflohen warst, denn es fehlte auch Kleidung aus meiner Truhe. Wir konnten aber erst die Suche nach dir beginnen, als der Inquisitor abgereist war. Bis dahin waren deine Spuren im Schnee, der gefallen war, nicht mehr zu finden. Mein Hauptmann tippte darauf, dass du zu den Höhlen geflohen warst. Er hatte recht. Wir kamen rechtzeitig, um dich davor zu bewahren, von den Wölfen zerrissen zu werden.«

Er unterbrach seine Erzählung, weil Gelja leise weinte.

»Mein Vater… ist tot?«, fragte sie leise.

»Ich nehme an, dass er es entweder schon ist oder bald sein wird«, sagte er mit kalter Stimme.

»Er war kein guter Vater, aber immerhin mein Vater«, sagte sie traurig.

»Nein, das war er nicht. Auch das hat er gestanden. Er hat dich auf einer seiner früheren Reisen geraubt. Dafür allein hat er den Tod verdient«, sagte der Maskierte ungerührt.

»Es war ihm gleich, wie dein Leben neben deinem künftigen Gatten, den er für dich ausgesucht hatte, sein würde. Er wollte dich benutzen und quälen, er wollte dich zu seiner Hure machen – denn er wollte dich vermieten und mit deinem Körper zu Geld zu kommen. Er hatte schon Männer im Dorf gefunden, die dieses Angebot nutzen wollten.«

Gelja weinte still vor sich hin.

»Was ist daran anders? Ihr wollt das doch auch, Herr. Ihr habt mich doch auch zu Eurer Hure gemacht. Was ist also anders?«, fragte sie nach einiger Zeit.

»Es ist ein großer Unterschied«, sagte er. »Ich habe dich dafür in aller Öffentlichkeit als Pfand genommen. Es ist legal, was ich mache.«

»Welche Hure fühlt sich besser, die – die öffentlich dazu gemacht worden ist, oder die, die man im Geheimen und in der Abgeschiedenheit einfach als solche benutzt? Die Erste – von der wissen es alle. Die Zweite – von der wissen es nur die, die sie aufsuchen. Es ist also so etwas, wie ein kleines Geheimnis und sie ist vor dem bösen Gerede der anderen geschützt. Aber die Erste: Für alle ist sie die Dirne. Nie wird sie etwas anderes für die Menschen um sie herum sein.«

»Da ich dich zu meiner Hure gemacht habe, habe ich auch vor allen bezeugt, dass ich für dich sorgen werde«, sagte er, um sich zu rechtfertigen.

»Bis Ihr meiner überdrüssig seid. Und dann? Werdet ihr mich an euren Hauptmann weiterreichen? Und wenn er gesättigt ist, dann wandere ich von einem zum anderen Soldaten, bis zum Stallburschen?« Sie klang traurig, aber nicht wütend.

»Ich werde deine Kinder, die ich in deinen Schoß pflanzen werde, anerkennen. Darauf habe ich dir mein Wort gegeben«, erinnerte er sie und sie fühlte, dass er sich gerecht vorkam.

»Das stimmt und ich danke Euch dafür. Ich zweifle Eure Worte nicht an, Herr. Und ich will Euch auch nicht verheimlichen, dass ich hier, in diesen Tagen, seitdem Ihr mich aus dem Dorf hierhergebracht habt, die glücklichsten und besten Tage meines Lebens verbracht habe. Aber Ihr habt mich zur Sklavin bestimmt. Eine Hure kann vielleicht noch mitbestimmen, welche Freier sie bedient. Eine Sklavin hat dieses Recht nicht. Nicht einmal Fragen darf ich stellen. Ihr seid der bessere Herr. Nicht so launisch, so unberechenbar wie mein Vater es gewesen ist. Ja, es geht mir hier besser. Und doch bin ich noch genauso rechtlos.«

»Du hast richtig gesprochen. Du bist meine Sklavin und ich werde weiterhin mit dir verfahren und über dich verfügen, wie es mir gefällt. Du hast nicht das Recht, dagegen aufzubegehren, denn du gehörst mir. Und ich mache mit dir, was MIR gefällt. Ich habe dich lange entbehrt, Sklavin. Ich will dich. Jetzt. Deine vorlaute Plauderei hatte auch etwas Gutes, meine wunderschöne Sklavin. Du hast mich eben auf eine wunderbare Idee gebracht.« Schnell verließ er das Zimmer.

Gelja war überrascht, dass er den Raum verließ. Hatte er nicht eben noch gesagt, er wolle sie benutzen? Würde sie jemals klug aus diesem Mann werden?

Als er nach wenigen Minuten wiederkam, entkleidete er sich und legte sich zu Gelja ins Bett. Er streifte ihre Decken ab und bewunderte aufs Neue ihren begehrenswerten Körper. Würde er sich je an ihr sattsehen können?

Gelja sah ihn überrascht an, ließ es zu, dass er sie rücklings über sich zog und mit seinen starken Armen umfasste, ihre Brüste streichelte und massierte. Sie stöhnte und gab sich seiner Liebkosung hin, fühlte, dass sein Glied hart war und an ihre Rosette drückte. Sie drückte sich ihm entgegen, um ihm ihre Bereitschaft zu signalisieren, ihm zu gehorchen.

»Gleich, meine wunderschöne, willige Sklavin. Du weißt, was ich von dir wünsche«, begann er mit heiserer Stimme.

»Meinen Schmerz, meine Hingabe, meinen Körper«, flüsterte sie und er merkte, dass sie durch die Berührungen seiner Hände erregt war. Er griff nach ihrer Scham und fühlte ihre Nässe. Noch immer erregte es sie, wenn er ihren Körper forderte. Das war gut.

»Noch viel mehr fordere ich heute von dir«, flüsterte er in ihr Ohr und drückte ihre Brüste mit seinen großen Händen. Seine rechte Hand wanderte zurück zu ihrer Scham und er befingerte sie. Sie war bereit.

»Du willst mich«, stellte er zufrieden fest. Sie stöhnte und drückte ihr Becken seinen Fingern entgegen.

»Ich will deine bedingungslose Hingabe. Deinen Gehorsam unter jeder Bedingung.« Sein Geständnis kam mit rauer Stimme.

»Ich habe Euch nie etwas verweigert und werde es auch nicht tun«, flüsterte sie erregt. »Wisst Ihr das noch immer nicht?«

»Wirklich? Würdest du mir jeden Wunsch erfüllen, den ich von dir begehre?«, fragte er. »Wirklich jeden?«

»Jeden«, antwortete sie ehrlich.

»Ich fordere deinen absoluten Gehorsam. Meine Fantasien sind dir noch weitgehend unbekannt. Ja, es ist richtig, deinen Schmerz und deine Angst wünsche ich von dir. Davon habe ich bereits gekostet und es hat mir gefallen, dich auf diese Weise zu beherrschen. Aber Gehorsam und Hingabe bedürfen der Schulung, Sklavin.« Jetzt war seine Stimme ein leises Knurren.

»Vor allem hier auf meiner Burg bist du meine persönliche Hure. Heute will ich noch dazu eine geheime Hure aus dir machen.«

»Ich werde Euch gehorchen«, flüsterte sie.

Er fühlte ihre Angst.

»Ich verlange von dir, dass du meine geheimsten Fantasien erfüllst. Ich will sie mit dir ausleben.« Seine Stimme war heiser.

Sie antwortete nicht, aber er fühlte ihr Zittern, das ihren Körper erfasst hatte. Erahnte sie, was er begehrte? Er würde keinen Widerstand dulden. Niemals.

Sie war ihm ans Herz gewachsen. Seine willige, leidenschaftliche, gehorsame Sklavin. Und heute würde er ihre Grenzen ausloten. Wie sehr unterwarf sie sich ihm?

Es klopfte an der Tür und der Hauptmann trat ein.

»Hier bin ich, Herr«, sagte er und sah auf das Liebespaar.

»Verzeiht, ich warte vor der Tür«, sagte er und wandte sich ab. Gelja sah, dass die Wangen des jungen Mannes sich gerötet hatten. Sie fühlte sich gedemütigt, wie nie zuvor.

»Hauptmann, nein. Bleib hier!«

Der Befehl überraschte Gelja genauso wie den Hauptmann.

»Tritt ein und verriegle die Tür von innen«, befahl der Burgherr.

Langsam gehorchte der Hauptmann und wandte sich wieder seinem Herrn zu. Seine Augen blitzten auf, als er Gelja ansah.

Ihr Herr packte ihre weißen Schenkel und zog sie auseinander, dass sich ihre kahl rasierte Scham dem Mann an der Tür offenbarte.

»Komm her, Hauptmann. Sieh sie dir an. Ist sie nicht ein prächtiges Weib? Ihre Schenkel sind geöffnet – und sie ist bereit für mehr als einen Mann. Willst du sie?«, fragte der Maskierte. Seine Stimme war rau.

Der Hauptmann blickte auf das Bett. Was er sah, war mehr als einladend. Der Maskierte winkelte Geljas Beine an und zog ihre Knie an ihre Schultern. Er öffnete ihre Scham, soweit es ihr möglich war, die Beine zu spreizen. Gelja keuchte auf. Es schmerzte sie, so gehalten zu werden. Doch noch mehr kämpfte sie mit der Demütigung, erkannte der Hauptmann.

Sie fühlte die Blicke des Soldaten. Sie sah, dass sich in seiner Hose eine große Beule bildete und sie fühlte das Lachen ihres Herrn.

»Oh ja, du willst sie, nicht wahr? Du willst sie schon, seit ich sie mir auf dem Marktplatz genommen habe. Aber du würdest es nie wagen, sie zu berühren. Heute Nacht will ich deine Loyalität belohnen. Wenn du sie willst, dann nimm sie dir. Hier, zusammen mit mir. Sie ist meine Sklavin und wird mir in allem gehorchen. Du nimmst sie also nicht gegen meinen Willen – und du kommst sogar dabei meinem ausdrücklichen Befehl nach.«

Gelja hörte ihren Herrn lachen. Es klang fremd in ihren Ohren.

»Ich sehe, dass dein Schwanz weiß, wo er hinwill.« Wieder

lachte der Burgherr. »Stoß zu, Freund, du kannst sie nicht schwängern, weil sie ja bereits mein Kind trägt. Es gibt kein Risiko für dich, aber einen ehrlich angebotenen Lohn. Etwas, was du aus tiefster Seele möchtest. Etwas, was ich nur dir bereit bin zu geben. Heute Nacht.«

Der Maskierte drückte seinen großen Schwanz ganz langsam in Geljas Anus und pfählte sie gut sichtbar für den Soldaten an dieser intimen Stelle.

Der Hauptmann sah, wie Gelja aufgespießt wurde und wimmernd den Riesenschwanz ihres Herrn in ihrer engen Röhre aufnahm. Es war offensichtlich, wie sehr das Geschlecht des Maskierten sie dehnte. Doch sie nahm ihn offensichtlich ohne Probleme – abgesehen vom Dehnungsschmerz - auf. Er sah auch, dass Geljas Saft reichlich aus ihrer Scheide floss. Ihr Atem beschleunigte sich. Gott, sie war geil und sie war absolut bereit dafür, noch einen zweiten Mann aufzunehmen. Sie wollte ihrem Herrn gehorchen? Ihm gefallen? Ihn mit diesem Akt des Gehorsams versöhnen? Im Licht der Kerze glänzte der Saft, der aus ihrer Grotte lief.

Sie war nicht nur bereit für diesen Akt mit einem zweiten Mann, sie wollte es selbst, erkannte der Hauptmann. Für ihn bestand kein Zweifel mehr. Er wollte dieser Mann sein.

In den Nächten träumte er davon, sich in ihren Schoß zu versenken, ihre Schreie zu hören, wenn er sie heftig stieß, so wie er ihre Schreie hörte, wenn sie bei seinem Herrn lag. Keine Nacht verging, ohne dass er die Geräusche der Leidenschaft seines Herrn hörte. Und jedes Mal begehrte er Gelja schmerzhaft.

Seine Augen waren starr auf Geljas Scham gerichtet. Sie war heiß. Er würde wahrscheinlich nur ein einziges Mal dieses unglaubliche Angebot erhalten. Und er wollte sie, wie keine andere Frau je zuvor. Sie lag vor ihm, von ihrem Herrn für ihn vorbereitet. Er brauchte nur …

Es war eine automatische Handbewegung. Blitzschnell öffnete er seine Hose und entkleidete sich. Sein ansehnlicher Schwanz stand steil von ihm ab.

Gelja sah ihm in die Augen. Die ganze Zeit über. Sie sah, dass er sich ihr langsam näherte. Sie fühlte, dass er das Bett erklomm und sich zwischen ihre Beine auf sie legte. Sie spürte ihn in sich eindringen. Langsam, sodass er sie vorsichtig dehnte, sich in sie hineinzwang und sie endlich tief und zur Gänze ausfüllte. Sie warf ihren Kopf zurück und schrie vor Lust.

Es war unbeschreiblich geil, von beiden Männern auf diese Weise benutzt zu werden. Ihre Tränen rannen über ihre Wangen und tropften auf die Schultern ihres Herrn, der sie dermaßen schamlos seinem Freund feilbot.

»Das gefällt meiner Sklavin, hörst du?«, stellte der Maskierte hinter ihr lachend fest. »Sie ist geil und möchte zwei ordentliche Schwänze in sich spüren.«

»Sie ist so beispiellos eng«, keuchte der Hauptmann und stieß erneut sein Glied in sie hinein, bis sein harter, dicker Schwanz ganz in ihr verschwand. Gelja erreichte augenblicklich den Höhepunkt. Sie massierte mit ihren Muskeln den Schwanz in ihrer Scheide. Aber auch ihre Rosette bewegte sich und ihr Herr stöhnte auf.

»Los, zeigen wir ihr, wie das geht«, forderte dieser lachend und begann, sie anzuheben.

Es entstand ein wilder Tanz. Gelja erkannte, dass die beiden Männer, die sich nun hemmungslos in sie trieben, schon zuvor Frauen zusammen auf diese Weise benutzt hatten. Für sie war es das erste Mal, derart genommen zu werden.

Sie gab sich der Leidenschaft der beiden hin, ließ zu, dass die beiden sie in Besitz nahmen, und genoss jeden der heftigen Stöße. Sie erreichte noch einmal den Höhepunkt, doch die beiden schonten sie auch danach nicht.

Als sie sich endlich ebenfalls den Höhepunkt erlaubten, wimmerte Gelja zwischen ihnen vor Lust und Erschöpfung. Sie schien von einem Höhepunkt zum nächsten zu rasen. Die Laute, die ihre Kehle verließen, klangen nun fast, wie ein Schluchzen und zeugten davon, dass sie völlig befriedigt worden war. Sie derart durchgefickt zu sehen, war unbeschreiblich aufregend für den Maskierten.

Keuchend ließen die Männer von ihr ab und rollten sich weg von Gelja, die erschöpft liegen blieb. Niemand sagte etwas, die Männer sahen auf die nackte Frau, die sich langsam von diesem intensiven Liebesspiel erholte.

»Danke, Herr«, flüsterte sie, als sie zu Atem kam.

»Du hast es genossen«, stellte er sachlich fest.

»Ja, Ihr aber auch.« Sie grinste frech.

Der Maskierte lachte aus vollem Hals. »Wer das nicht genießt, ist ein Idiot, meine vorlaute Sklavin!«.

Der Hauptmann streichelte zärtlich Geljas Brüste. »Mir hat es sehr gut gefallen«, gab er zu und lächelte.

»Jetzt, Gelja, haben wir auch ein Geheimnis – wir haben etwas, was nur wir drei wissen. Du bist offiziell meine Hure, und im Geheimen die, die zu teilen ich bereit war«, sagte der Maskierte leise.

Gelja sah ihm in die Augen. »Ja, Herr«, flüsterte sie. Es war tatsächlich ein Geschenk an sie gewesen! Eines, das sie aus Gehorsam angenommen hatte. Ein Geschenk, das ihr unvorstellbare Lust geschenkt hatte. Eines, das sie gern wiederholen wollte. Aber das behielt sie für sich. Sie schenkte dem Hauptmann ein zaghaftes Lächeln und schwieg.

***

Aber es war nicht so, wie Gelja vermutet hatte. Denn von an nun kam der Hauptmann von Zeit zu Zeit in ihr Bett geschlichen, und der Maskierte und er teilten sich Gelja auf verschiedenste

Weise. Der Maskierte genoss es, Gelja und seinem Freund beim Liebesspiel zuzusehen, oder auch, wenn er gemeinsam mit dem Hauptmann heftig in Gelja stieß.

In diesen verbotenen Nächten waren die beiden Männer sehr einfallsreich. Sie fesselten Gelja gemeinsam, oder sie züchtigten sie zusammen. Sie pfählten sie mit Liebesstäben aus Holz, die sie selbst speziell dafür anfertigten. Es waren fantasievolle Nächte und manches Mal mussten sie Gelja knebeln, damit sie nicht mit ihren Lustschreien die ganze Burg zusammenschrie.

Gelja genoss diese Zeit, wie keine andere in ihrem bisherigen Leben. Ihre Schwangerschaft schritt voran und der Frühling kam ins Land und vertrieb die bittere Winterkälte.

Die Botschaft, dass ihr Vater von den Schergen des Bischofs hingerichtet worden war, nahm Gelja schweigend auf.

Aus dem Dorf hörte man wenig Neues. Die Leute waren froh, dass die Wahl des Burgherrn eine Maid getroffen hatte, die ohnehin durch ihren Vater eine Außenseiterin gewesen war. Sein Verschwinden wurde im Dorf nur wahrgenommen, nie hinterfragt. Sie kümmerten sich nicht mehr weiter um das Los der jungen Frau, die auf der Burg zur Sexsklavin gemacht wurde. Sie war eine Fremde für die Menschen geworden und gehörte nicht mehr in das Dorf.

Der Maskierte aber war weiterhin verzaubert vom Körper seiner Sklavin. Wenn er die Burg verlassen musste, sperrte er sie in seiner Kammer ein. Nur der Hauptmann durfte zu ihr. Es war ihm aber in dieser Zeit nicht gestattet, sich ihr in irgendeiner Weise zu nähern.

Der Sommer war heiß und Gelja litt unter ihrer Unförmigkeit. Sie kam sich hässlich vor und sie verstand nicht, dass ihr Herr sich dennoch fast jede Nacht mit ihr vergnügte. Ihre Schwangerschaft war bereits fortgeschritten. Wie jede Nacht zuvor benutzte ihr Herr sie auch weiterhin für seine lustvollen

Spiele, die allerdings sanfter geworden waren.

Der Maskierte spielte gern mit ihren vollen, schweren Brüsten, deren Warzenhöfe nun weit waren. Offensichtlich bereitete sich ihr Körper darauf vor, das Kind zu säugen, das sie in sich trug und das wahrscheinlich bald auf die Welt kommen würde.

Und tatsächlich - in der Vollmondnacht im August setzten die Wehen ein. Gelja war überrascht, wie stark der Schmerz war, der sofort mit einer unglaublichen Heftigkeit anfing.

»Es ist zu früh«, sagte der Maskierte verwundert. Er sprang aus dem Bett, um die Hebamme zu rufen.

»Nein, nicht die Hebamme«, stöhnte Gelja. »Bitte«, flehte sie.

»Was brauchst du?«, fragte der Maskierte.

»Nichts«, flüsterte Gelja und stand auf. Sie war oft genug dabei gewesen, wenn ein Kind auf die Welt gekommen war. Im Dorf hatte man sie mitgenommen, weil sie nie die Ruhe verlor, wenn eine Situation hektisch wurde und weil sie so interessiert daran gewesen war, der Hebamme zu helfen. Deshalb wusste sie auch, dass die meisten Hebammen nicht sauber arbeiteten.

»Das ist ein natürliches Geschehen«, stöhnte Gelja unter einer Wehe. »Ich fürchte, es ist schon weit vorangeschritten und ich habe es nicht gemerkt, weil ich so mit Euch beschäftigt gewesen bin, Herr«, verriet sie dem Maskierten. Sie kniete sich auf den Boden und spreizte ihre Beine.

»Du wirst mein Kind nicht auf dem Steinboden bekommen«, sagte der Maskierte energisch. Er hob sie auf und trug sie ins Bett.

»Ich kann doch nicht Euer Bett beschmutzen, Herr«, stöhnte sie.

»Es ist mein Kind, das du zur Welt bringst, Weib«, herrschte er sie an.

Erneut zog sich ihr Körper in starken Wehen zusammen. Gelja fühlte, wie der Kopf des Kindes nach unten gezogen wurde. Mit jeder Wehe.

»Bitte, ich brauche warmes Wasser und Tücher«, flüsterte Gelja.

»Und eine Hebamme, Sklavin«, knurrte der Maskierte und verließ die Kammer, um entsprechende Anweisungen zu geben.

Tatsächlich kam eine Hebamme, die Gelja dabei unterstützte, ihr Kind zur Welt zu bringen. Sie tat es außerordentlich geschickt und offenbarte in ihrem Handeln große Erfahrung. Auch arbeitete sie überdurchschnittlich sauber.

Als das Kind geboren war, übergab sie es dem Maskierten.

»Ein Sohn«, sagte sie und lächelte Gelja zu.

Gelja sah auf ihren Herrn, der das Kind aufmerksam betrachtete.

»Ich werde das Kind baden«, flüsterte Gelja.

»Du wirst nicht aufstehen«, befahl der Maskierte.

Die Hebamme badete das Baby, versorgte die junge Mutter und überzog mit anderen Frauen das Bett neu.

Gelja fühlte sich tatsächlich müde. Sie legte das Baby an ihre Brust.

»Bringt warme Suppe, sie muss sich stärken«, verlangte der Burgherr. Nur kurze Zeit später war die Suppe in seiner Kammer. Er nötigte Gelja, etwas zu essen.

»Ich bin aber nicht hungrig, Herr«, sagte sie verwirrt, als er sie fütterte.

»Wie, Weib, willst du meinen Sohn nähren, wenn du nicht isst?«, fragte er sie mit strenger Stimme. »Oder möchtest du, dass ich eine Amme suche?«

»Ich werde mein Kind selbst säugen«, antwortete sie bestimmt.

»Denke nicht, dass ich deine Brüste deshalb schonen werde, wenn ich bei dir liege«, knurrte er.

Sie sah ihn verwirrt an, dann lächelte sie. Er hatte ihre Ansicht akzeptiert!

***

Etwas wie Friede zog in das Herz des Maskierten, seit Gelja das Kind geboren hatte. Niemals hätte er es übers Herz gebracht, sie woanders unterzubringen als in seiner Kammer. Sie war sein Eigentum. Er hatte sie dazu bestimmt, ihm seine Kinder zur Welt zu bringen. Um Nachkommen zu zeugen, konnte er sich eine Frau nehmen, oder eine Sklavin bestimmen und diese Kinder dann anerkennen.

Niemals hätte er ein Mädchen aus dem Dorf zu seiner Frau machen können. Aber Gelja war eine großartige Sklavin.

In der Nacht blieb er bei Gelja. Sie stöhnte im Schlaf und irgendwie beunruhigte ihn das.

»Hast du Schmerzen?«, fragte er sie.

»Ich … ja. Und ich fühle mich schwach«, gestand sie leise.

Der Maskierte rief nach der Hebamme, die in einer Kammer in der Nähe untergebracht war. Als sie die Decke hob, um Gelja zu untersuchen, sah der Maskierte eine große Blutlache.

Die Hebamme untersuchte Gelja und stellte einen Riss in der Scheide fest.

»Ich brauche saubere, weiße Tücher«, verlangte sie. »Und kaltes Wasser.«

Rasch riss die erfahrene Frau die Tücher in Streifen und tauchte sie in kaltes Wasser.

»Das kann unangenehm werden«, sagte sie zu Gelja, bevor sie begann, die Scheide der jungen Mutter mit den Tüchern auszustopfen.

»Wir werden sehen, ob das hilft«, sagte sie.

Gelja war zu schwach, um sich gegen die schmerzhafte Prozedur zu wehren.

Nachdem das Bett noch einmal frisch überzogen worden war, legte die Hebamme weiße Tücher unter Gelja. Jede Stunde kontrollierte sie die Tamponade.

»Es dürfte geholfen haben«, sagte sie zufrieden, als der Morgen anbrach.

Erst gegen Abend dieses Tages erneuerte sie die Tamponade.

Gelja, für die die Prozedur schmerzhaft war, wurde vom Maskierten festgehalten, damit die Hebamme ihre Arbeit tun konnte. Die Blutung war tatsächlich gestillt. Doch die Erneuerung der Tamponade war wichtig, damit die Blutstillung anhielt. Dieses Mal verwendete die Hebamme aber nicht kaltes Wasser, um die Tücher zu kühlen, sondern sie strich eine Heilsalbe darauf, um zu verhindern, dass die Tücher in der Scheide verklebten. Somit war die Entfernung der Tücher ungefährlicher. Die Salbe würde die Heilung der Wunde fördern.

Gelja war tatsächlich kraftlos. Sie stillte zwar ihr Baby, aber sie war kaum fähig, aufzustehen. Sie schien keine Kraft zu haben. Blass und erschöpft lag sie im Bett und der Maskierte machte sich ernsthaft Sorgen.

»Sie ist sehr schwach«, sagte die Hebamme am dritten Tag nach der Geburt zu ihm, als sie ihn auf dem Burghof traf.

»Das liegt daran, dass sie so viel Blut verloren hat.«

»Soll ich einen Bader rufen?«, fragte der Burgherr.

»Gott bewahre. Er würde sie zur Ader lassen und ich bezweifle, ob ihr das guttäte. Nein.« Die Hebamme sah ihn ernst an. »Gebt ihr Ruhe und Zeit, sich zu erholen.«

»Wann kann sie wieder ein Kind empfangen?«, fragte der Maskierte.

»Herr, Euer junges Weib ist durch diese Geburt fast zu Tode gekommen«, sagte sie ihm. »Ihr solltet sie eine gute Zeit lang schonen. Zwei Schwangerschaften in kurzer Zeit würden ihr nicht guttun. Ihr könnt froh sein, dass Euer Weib und das Kind diese Geburt überlebt haben«, sagte sie streng.

Der Maskierte hatte bereits Luft geholt, um ihr klarzumachen, welchen Stand Gelja bei ihm hatte. In diesem Augenblick erfasste er, was ihm gesagt worden war.

Gelja wäre fast gestorben. Die Vorstellung, sie zu verlieren, erschütterte ihn bis tief ins Innere.

Er hatte sich so sehr an sie gewöhnt. Es gehörte einfach zum Alltag, wie sie für ihn da war. Er hatte sich daran gewöhnt, sie einfach zu benutzen. Es war etwas Selbstverständliches geworden, dass er sie ein wenig quälte, dass er sie von Zeit zu Zeit mit dem Hauptmann teilte, dass er seinen Samen in sie pflanzte und sie dann dabei beobachtete, wie ihr Körper sich veränderte, um sein Kind zu tragen. Er gestand sich plötzlich ein, dass für ihn ein Leben ohne sie nicht mehr vorstellbar war. Auch wenn er sie nie anders als eine Sklavin behandelt hatte, so hatte sie sich doch durch ihre angenehme Art in sein Herz geschlichen.

Sie war ihm eine gute Sklavin geworden. Warum war es ihm nicht eher aufgefallen? Durfte er hoffen, dass sie ein wenig für ihn, den Entstellten, empfand? Sie, diese Schönheit, die er hatte versklaven müssen, damit sie sich ihm hingab?

Aber das stimmte auch wieder nicht. Sie hatte sich ihm von Anfang an hingegeben. Sie störte sich nicht an seiner Maske.

Er erinnerte sich an die Zeit, in der er dachte, sie hätte ihn im Geheimen betrachtet. Weshalb nur hatte es ihn dermaßen gestört? Woher stammte sein Wunsch, sie immer wieder zu demütigen? Sie war eine starke, mutige Frau, würdig ihm als Gemahlin zur Seite zu stehen. Wer wollte es ihm vorschreiben, wen er zu seinem Weib machte?

Die gesellschaftlichen Regeln schrieben ihm vor, eine Frau von Stand zu wählen. Er hatte sich umgesehen. Er hatte die Mädchen, die seinem Stand entsprachen, beobachtet. Aber keine hatte ihn auch nur ein wenig gereizt. Aber Gelja, sie zog ihn magisch an. Warum sollte er Normen akzeptieren, die ihn belasteten? Gelja hatte sich nie von ihm abgewandt. Dabei hatte sie sein entstelltes Gesicht noch nicht einmal gesehen.

Denn mittlerweile glaubte er ihr, dass sie die Maske in jener unheilvollen Nacht nicht geöffnet hatte. Sie hatte ihn, soweit er es beurteilen konnte, noch nie belogen.

Zwei Stufen auf einmal nehmend, rannte er in seine Kammer. Er musste mit ihr sprechen. Er wollte wissen, wie sie empfand.

Doch sie war zu erschöpft, um zu reden. Entkräftet lag sie auf dem Bett und ruhte. Sie ruhte auch noch am Abend des Tages und ihm wurde klar, dass die Gefahr, sie zu verlieren, noch lange nicht gebannt war.

Seine Unruhe stieg. Er wollte sie nicht verlieren. Sie war ihm zu wertvoll geworden. Eine wertvolle Sklavin - was war er doch für ein Narr gewesen! Sie hatte sich ihm ganz geschenkt und er hatte ihr Geschenk mit Füßen getreten.

Er legte sich zu ihr aufs Bett, als es Nacht wurde.

»Es ist gut, wenn Ihr sie wärmt, Herr«, sagte die Hebamme zustimmend, als sie die Kammer betrat, um nach der Wöchnerin zu sehen. »Sie friert. Wärmt sie und bleibt bei ihr. Wenn ihr mich braucht, dann ruft nach mir«, sagte sie und verließ die Kammer.

***

Als Gelja erwachte, war es vor den Fenstern der Kammer dunkel. Nur das bescheidene, flackernde Licht einer Kerze erhellte den Raum und ließ das Wesentlichste erkennen. Gelja fühlte sich gehalten und drückte sich an ihren Herrn. Er hatte sie nicht verstoßen. Erleichtert seufzte sie auf. Würde sie ihm je sagen können, was sie für ihn empfand?

Als sie zu ihm aufsah, blickte sie in seine schwarzen Augen, die sie so gut kannte. Aber ihr Herr trug keine Maske. Rasch wandte sie den Blick ab.

»Herr, Eure Maske«, flüsterte sie. Sie hatte augenblicklich die Augen geschlossen, als sie wahrnahm, dass die Maske fehlte.

»Was ist mit ihr?«, fragte er.

»Sie ist nicht da. Ihr habt sie verloren«, informierte sie ihn.

»Gelja, bitte, sieh mich an«, hörte sie ihn sagen.

»Das habt ihr mir verboten«, flüsterte sie. »Erinnert Ihr Euch nicht? Ich … der Keller… die Ratten… Ich werde nicht gegen dieses Gebot verstoßen, niemals.«

Er fühlte, dass ihr Herz heftiger schlug. Sie hatte offensichtlich große Angst.

»Ich werde dich nicht in den Keller zurückschicken. Dein Platz ist hier in diesem Zimmer«, sagte er ruhig.

Gelja hatte die Augen noch immer geschlossen und schwieg.

»Sieh mich an«, verlangte er.

Er fühlte, dass sie zu zittern begann.

»Bitte, Gelja. Ich möchte, dass du mich ansiehst«, sagte er leise.

Langsam öffnete sie die Augen und hob den Blick. Sie sah in das Gesicht eines Mannes, der die dreißig Jahre überschritten hatte. Seine schmalen Lippen waren ihr bekannt. Seine Augen kannte sie aber nur von seinem strengen Blick aus der Maske.

Seine lange, gerade Nase machte ihn klassisch schön. Eine dunkle Narbe, die von einem Kampf herrühren mochte, entstellte die Wange unter seinem linken Auge. Es musste eine schlimme Verletzung gewesen sein. Zärtlich strich sie darüber. Er zuckte zusammen, ließ sie aber gewähren.

»Könntest du es ertragen, immer in dieses Gesicht zu blicken? Könntest du es erdulden, jeden Tag dieses Gesicht zu sehen?«, fragte er sie traurig.

»Ihr seid nicht unansehnlich mit dieser Narbe, Herr«, flüsterte sie und er merkte, dass sie es so meinte, wie sie es sagte. »Nun weiß ich, wem unser Sohn ähnelt«, sagte sie. »Er gleicht Euch tatsächlich sehr.«

»Ich erlaube dir nicht, dass du über mich spottest, auch wenn ich dir einen Blick auf mein Gesicht gewährt habe«, knurrte er und umfasst ihr Handgelenk, um sie daran zu hindern, ihn weiter zu streicheln.

»Du hast meine Frage wieder einmal nicht beantwortet. Könntest du neben mir leben, auch wenn ich keine Maske trage?«, fragte er sie mit harter Stimme.

»Ja«, antwortete sie, ohne zu zögern.

»Du ängstigst dich nicht vor diesem Gesicht?«, fragte er noch einmal nach. Es schien ihm unglaublich, dass sie nicht von ihm zurückwich.

»Nein«, antwortete sie. »Es gibt nichts, was mir Angst macht, wenn ich in Euer Gesicht sehe, Herr.«

»Dann ist es gut«, sagte er und drückte sie an sich.

Er hielt sie fest, wärmte mit seinem Körper den ihren. Es tat gut, sie zu spüren und ihrem ruhigen Atem zu lauschen. Es gab nichts zu sagen. Zärtlich zog er Gelja näher an sich heran.

Die Kerze war niedergebrannt und er war sich sicher, dass Gelja längst wieder schlief. Doch er selbst fand keinen Schlaf. Bewegungslos lag er neben ihr und hielt sie in den Armen.

»Ich liebe dich, Herr«, flüsterte sie leise in die Stille. Als sie spürte, dass er sich versteifte, drehte sie sich um. Er starrte sie an.

Sie schloss ergeben die Augen. »Bestraft mich Herr, ich habe es verdient«, flüsterte sie.

Doch er zwang sie, ihm ins Gesicht zu sehen. »Warum sagst du das?«, fragte er sie.

»Ich habe gedacht, Ihr würdet schlafen«, flüsterte sie. »Es ist mir durchaus bewusst, dass Ihr mir keinen Glauben schenken werdet. Ich hätte es nie gewagt, es Euch direkt zu sagen …«

»Wie kannst du das sagen?« Seine Stimme wurde lauter.

»Es ist die Wahrheit, Herr«, gab sie tonlos zu.

»Seit wann empfindest du so für mich?« Er war sichtlich verwirrt.

»Ich denke, wohl seit Ihr mich vor den Männern des Dorfes gerettet habt, Herr«, antwortete sie. »Ich habe es nur nicht sofort begriffen.«

»Ich habe es auch lange nicht begriffen, Gelja, meine Liebe.« Seine Stimme war nun rau.

Unsicher blickte sie ihn an. Was hatte er eben zu ihr gesagt?

»Was meint Ihr?« Sie war so schön, wenn sie verwirrt war.

»Nenn mich Gerhard«, verlangte er. »Ich möchte aus ganzem Herzen, dass du meine Frau wirst«, gestand er. »Wenn du willst«, fügte er hinzu.

Gelja schlang die Arme um seinen Nacken und zog ihn an sich. Er hielt sie, ließ zu, dass sie ihre Stirn an seine drückte und weinte.

»Verlass mich nicht«, flüsterte er, als ihr Schluchzen verebbte.

»Niemals«, versprach sie. »Niemals. Ich verspreche es.«

Als Hure ins Bordell verkauft

Die Dunkelheit schlich sich in das Tal wie ein Dieb. So, als suche er zu verbergen, was gar nicht verborgen werden kann. Mit ihr kam die Stille, und sie drang in den Stall und wurde vom vereinzelten Muhen der Kühe gestört.

Luna und Stella arbeiteten wie immer gemeinsam im Stall. Zusammen melkten sie die Kühe am Hof ihres Onkels. Sie würden dann noch einen Teil der Milch verarbeiten und den Rest zum Verkauf für den nächsten Tag herrichten. Auf dem Markt im Dorf verkauften sich ihre Produkte sehr gut.

Die Zwillingsmädchen waren schon immer unzertrennlich gewesen. Von Anfang an. Seit sie hierher auf den Hof des Onkels gekommen waren, waren sie fast immer zu zweit unterwegs. Ihre Pflichtschulzeit haben sie nebeneinander auf der Schulbank verbracht. Sie waren einfach immer zusammen. Und das hatte sich auch nicht geändert, bis zu ihrem achtzehnten Geburtstag.

»Der Bauer heckt etwas aus«, sagte Stella leise zu ihrer Schwester.

»Warum denkst du das?«, fragte Luna.

»Ich sehe es ihm an.«

»Aber wir erfüllen doch genau seine Anweisungen, damit wir gemeinsam hierbleiben können.« Luna wirkte nervös.

»Ja, wir erfüllen die gestellten Auflagen, die uns übrigens zu Mägden machen. Wir arbeiten uns den Rücken krumm und er spart sich das Geld für die Knechte und Mägde.« Stella erhob sich, griff nach dem Melkschemel und dem Eimer und ging zur nächsten Kuh, um dort ihr Werk fortzusetzen.

»Warum denkst du das?«, wiederholte Luna ihre Frage. »Also, dass der Bauer was plant mit uns, meine ich.«

»Ich hörte heute, als ich das Holz in die Stube brachte, wie der Bauer zur Bäuerin sagte, dass es zu viele Esser auf dem Hof gäbe. Die Bäuerin sagte, er solle ihr das nicht antun. Der Bauer antwortete, dass ›er‹ morgen Mittag hier wäre und dass es daran nichts mehr zu ändern gäbe. Dann hat er mich gesehen und aus der Stube gejagt. Die Bäuerin hat geweint.«

Beide arbeiteten schweigend weiter.

Luna brach das Schweigen. »Du denkst, er wird uns wegschicken?«

»Nein, das würde er nicht tun, Luna. Wir sind billige Arbeitskräfte. Nein, er wird UNS nicht wegschicken. Nur eine von uns.«

»Nein, das kann er nicht tun.« Lunas Stimme zitterte. Es war fast so, als erkannte sie in Stellas Worten eine unverrückbare Wahrheit. »Vielleicht irrst du dich.«

»Vielleicht«, antwortete Stella.

***

Stella irrte sich nicht. Als die beiden Schwestern am nächsten Tag gegen Mittag vom Marktplatz zurück auf den Hof kamen, wurden sie vom Bauern in die Stube gerufen. Ein fremder Mann, vornehm gekleidet, war ebenfalls in der Stube. Stella betrachtete den Fremden misstrauisch. Er schien ihr alt zu sein. Älter als der Bauer, der schon das 45. Lebensjahr längst überschritten hatte. In der Ecke auf dem Schemel saß die Bäuerin und tupfte ihre rot geweinten Augen trocken.

»Tante, was ist? Warum weinst du?«

Luna war es ebenfalls aufgefallen, dass die Bäuerin weinte. Sie lief zu ihr und kniete sich neben sie auf den Boden. »Tut dir was weh?«

Doch die Bäuerin schüttelte nur langsam den Kopf. Stella fiel auf, dass sie Luna nicht in die Augen blickte.

»Damit ist es besiegelt«, sagte der Bauer. »Luna ist die Fleißige und sie sorgt sich auch um die Bäuerin. Stella ist die Hochnäsige. Sie ist säumig bei der Arbeit und kann leicht ersetzt werden. Ich werde Ihnen Stella mitgeben. Hier auf dem Hof brauchen wir sie nicht mehr.«

Der Fremde stand auf und trat an Stella heran.

»Dreh dich einmal im Kreis«, sagte er. Stella wusste auf Anhieb, dass sie diesen Mann nicht leiden konnte. So gut er auch gekleidet war, Stella fand seine Ausdünstung widerlich. Und seine Stimme war knarrend und unangenehm.

»Und wenn nicht?«, fragte sie und blieb stehen.

Die Ohrfeige, die sie traf, kam vom Bauern. Er packte sie grob und hielt ihre Hände hinter ihrem Körper fest. »Sie ist aufmüpfig, das habe ich ja gesagt. Aber ich halte sie. Sie können sie gern etwas näher in Augenschein nehmen.«

Sosehr sich Stella auch wand, sie entkam dem stählernen Griff des Bauern nicht. Der Fremde packte sie am Kinn und besah sich ihr Gesicht. Dann griff seine freie Hand nach ihren Brüsten und umschloss eine nach der anderen. Als seine freie Hand zu ihrem Po wanderte, spuckte Stella ihm ins Gesicht – was ihr eine zweite Ohrfeige einbrachte. Dieses Mal schlug sie der Fremde.

»Ich nehme sie. Sie hat Temperament. Das Geld wird Ihnen mein Sekretär noch heute vorbeibringen.«

»Das Geld?« Stella versteifte sich.

»Das Geld?« Luna stand auf und ging zum Bauern. »Onkel, du kannst doch nicht dein Fleisch und Blut verkaufen.«

»Ihr seid weder mein Fleisch und Blut, noch verkaufe ich dieses faule Ding. Ich bekomme lediglich eine Vermittlungsgebühr, weil ich diesem Herrn eine Arbeitskraft überlasse. Und wenn du herummotzt, vermittle ich dich gleich mit.« Hinter Luna erklang ein wimmerndes Schluchzen von der Bäuerin. Luna kehrte zu ihr zurück und kniete sich wieder neben sie auf den Boden.

»Wir sind die Kinder deiner Schwägerin«, erinnerte ihn Luna.

»Richtig. Ihr seid nicht mit mir verwandt. Eine von euch reicht auf dem Hof. Für die andere ist kein Platz mehr.«

Der Fremde zog Stella, deren Arme vom Bauern freigegeben wurden, an der Hand. »Komm, wir gehen. Unser Zug fährt in zwei Stunden. Der Bahnhof ist ein Stück von hier entfernt.«

»Kann ich denn nicht meine Sachen zusammenpacken?«, fragte Stella.

»Die brauchst du nicht mehr. Deine Schwester kann sie haben.«

»Aber ich will mich doch verabschieden …«

»Sag auf Wiedersehen«, knurrte der Fremde, ließ sie aber nicht mehr los.

»Tante …« Stella sah ratlos zur Schwester ihrer Mutter und die saß schluchzend auf dem Schemel. Luna starrte zu Stella.

»Luna…«, begann Stella, der es nicht gelang, sich aus dem Griff des Fremden zu befreien.

»Ich komme wieder. Pass auf dich auf. Leb wohl«, sagte sie rasch. Dann wurde sie aus der Stube gezerrt - weg vom Hof, auf dem sie dreizehn Jahre ihres Lebens verbracht hatte. Der einstündige Fußweg zum Bahnhof verging zu schnell. Stella stellte dem Fremden einige Fragen, doch er sprach kein Wort mit ihr. Außer das eine Mal, als sie versuchte, sich loszureißen und zum Hof zurückzulaufen. Er packte sie grob an ihren

Haaren und am Hals und kam ihr ganz nahe.

»Wenn du wegläufst, wird mein Sekretär das Geld nicht bringen. Aber er wird zum Hof deines Onkels kommen und deine Schwester und deine Tante erschießen. Ich dulde keine Geschäfte, die nicht gut laufen. Haben wir uns verstanden?«

Stella erstarrte. Alles in ihr wollte weg von diesem Mann, den sie nicht kannte und der ihr keine Sympathien entlockte. Seine Nähe ängstigte sie. Nein, sie ekelte sich vor ihm. Er war unangenehm. Aber sie konnte nicht weg. Sie durfte nicht. Er machte es unmöglich.

Der Mann schüttelte sie grob. »Hast du mich verstanden?«, knurrte er.

Stella nickte – und ging neben dem Fremden her, ohne dass er sie mit sich ziehen musste. Sie fühlte sich wie eine Puppe, die einfach nur funktionierte. Weglaufen! Alles in ihr drängte danach. Aber sie blieb. Ihre Flucht wäre der Tod der einzigen beiden Menschen, welche ihr etwas bedeuteten.

Auf dem Bahnhof erwartete sie ein deutlich jüngerer Mann.

»Oh, sie ist mitgekommen!«, stellte er erfreut fest.

»Natürlich ist sie das. Sie ist freiwillig mit mir gegangen.« Das Lachen des Fremden klang gemein in ihren Ohren.

»Bring dem Alten das Geld und sieh zu, dass du pünktlich zurück bist, wenn der Zug abfährt.«

Der junge Mann nickte und eilte davon.

Stella saß auf einer Bank am Bahnsteig. Es roch nach Staub, und das Wiehern von Pferden, die vor die Kutschen gespannt waren, welche hier auf Ankömmlinge warteten, drang nicht zu ihr durch. Das alles musste ein böser Traum sein.

»Was passiert jetzt mit mir?«, fragte sie.

»Was soll schon passieren? Du wirst für mich arbeiten.« Der Fremde sah sie nicht an, sondern las auf einem Papier, das er aus seiner Tasche gezogen hatte.

»Was soll ich denn arbeiten?«, erkundigte sich Stella.

»Halt dein vorlautes Mundwerk. Es ist nicht gut fürs Geschäft, wenn du zu viel redest.«

»Welches Geschäft?« Stella wich zurück, als der Fremde seine Hand hob.

»Ich sage es nicht noch einmal. Halt deinen Mund. Es ist nicht gut fürs Geschäft, wenn du mit blauen Flecken in der Stadt ankommst«, knurrte der Mann.

Er schlug sie dieses Mal nicht. Aber Stella hatte verstanden, dass er es tun würde. Also saß sie einfach neben diesem Fremden auf der Bank und wartete. Wie gut, dass sie eine leichte Weste über ihr Sommerkleid gezogen hatte. Der Abend senkte sich über das Land und brachte ein kühles Lüftchen mit.

Menschen gingen an ihr vorbei. Manche kannte sie vom Sehen. Aber die meisten waren ihr ebenso fremd, wie diese Stadt, in der sie bis jetzt nur selten gewesen war.

Langsam wurde ihr bewusst, dass sie im Begriff war, alles zu verlassen, was ihr bis jetzt vertraut gewesen war. Ihre Tante, ihre Zwillingsschwester, der Hof, dieses hügelige Land, das ihr zur Heimat geworden war.

Ihr Herz begann zu rasen. Sie wurde von Luna getrennt. Das Unvorstellbare war eingetreten. Jemand war in ihr Leben getreten und hatte sie mit sich fortgenommen. Wieder wollte sie aufspringen und weglaufen. Sie konnte laufen, sie war schnell. Ihre Augen suchten nach einem Weg.

»Denk nicht einmal dran.«

Stella blickte auf und in die Augen des Fremden.

»Du weißt, was passiert, wenn du abhaust. Ich scherze nicht. Wenn du wegläufst, sind deine Tante und deine Schwester tot.«

Ja, sie wusste es. Er hatte es ihr bereits gesagt und sie glaubte ihm, wenn sie in seine kalten, blauen Augen sah, die ihr erst jetzt auffielen. Kalt – eisigkalt ruhte der Blick des Mannes auf ihrem Gesicht. Panik stieg in ihr auf. Luna würde getötet werden. Luna und ihre Tante, die Schwester ihrer Mutter. Sie hatte die Zwillingsmädchen aufgenommen, als ihre Mutter gestorben war. Das war viele Jahre her. Ihr Vater war im Krieg geblieben und ihre Mutter war an Typhus erkrankt, als die Mädchen gerade einmal fünf Jahre alt waren.

Sie mochte ihre Tante, aber den Bauern, den mochte sie nicht. Er war hart und ungerecht.

»Ich werde nicht weglaufen«, sagte sie leise.

Der Mann nickte und wandte sich ab.

Stella dachte nach. Sie würde vorläufig bei diesem grausamen Fremden bleiben. Sie würde sehen, wohin er sie brachte und sie würde sehen, ob sie von dort … Aber nein, er würde Luna töten. Sosehr sie sich auch anstrengte. Sie konnte diesem Monster, das sie mit sich genommen hatte, nicht entkommen.

Der Zug fuhr in den Bahnhof ein und riss Stella aus ihren Gedanken. Wie eine Puppe, die unsichtbar dirigiert wurde, stand sie auf und folgte dem Mann.

»Steig ein, los. Beeilung.« Der Mann, der sie mit sich nahm, war ein mürrischer Mensch. Stella gehorchte und setzte sich auf den Platz, der ihr von dem Fremden zugewiesen wurde. Der Zug fuhr an und keuchend kam der Sekretär in den Waggon.

»Alles klar?«, fragte der Fremde.

Der Sekretär nickte und setzte sich zu ihnen.

»Die Kleine flennt«, berichtete er, als er zu Atem gekommen war.

»Die Bäuerin hat nicht zugestimmt, dass wir beide mitnehmen. Sie war schon widerspenstig bei nur einem Mädchen. Aber der Bauer hat sie zur Vernunft gebracht«, berichtete ihr Entführer. Sie wurde doch entführt, oder? Sie wollte das ja nicht.

Stellas Gedanken gingen im Kreis. Luna weinte. Stella beneidete ihre Schwester um diese kleine Freiheit. Denn zu weinen getraute sie sich hier nicht. Es würde Aufsehen erregen und das war sicher etwas, was nicht gutgeheißen wurde. Sie zwang sich, ruhig zu atmen und die erneut anschwellende Panik zu bekämpfen.

Ihr Blick glitt aus dem Fenster. Das Land zog rasch vorbei. Wo lag ihr Ziel? Das hügelige Land veränderte sich mit der Zeit und wurde flacher, weiter. So weit war Stella noch nie vom Hof gekommen. Wie schön wäre es, zu reisen – wenn sie nicht gerade entführt worden wäre. Aber stimmte das? Nein, es war noch schlimmer. Sie war verkauft worden. Wie ein Stück Ware.

»Sie ist sehr hübsch«, hörte sie den Sekretär sagen.

»Wenn du sie anrührst, kastriere ich dich. Verstanden?«, schnauzte der Ältere ihn an.

»Nein, keine Sorge, Herr Swanakovsky«, sagte der Sekretär rasch.

Swanakovsky! Das war also sein Name. Stella starrte weiter aus dem Zug. Sie würde sich den Namen merken. Es war gut, wenn man den Namen des Entführers wusste.

Sie registrierte, dass die Männer plötzlich schwiegen. Stella tat, als hätte sie nicht zugehört.

»Stella«, sagte Swanakovsky leise. Stella bewegte sich nicht. Würde er hören, wie stark ihr Herz in ihrer Brust trommelte, würde er wissen, dass sie nur so tat, als wäre sie gedanklich abwesend. Aber er hörte es nicht. Und Stella regte sich nicht.

»Sie ist abgelenkt. Dein Glück«, schnauzte Swanakovsky. »Pass besser auf. Und halte dich von ihr fern. Sie wird vorbereitet und dann machen wir eine große Sache.«

»Natürlich.«

Stella hasste die Unterwürfigkeit des Sekretärs. Sie starrte weiterhin durch das Fenster. Als sie eine Hand auf ihren Unterarm spürte, schreckte sie auf.

»Hier, wir haben Tee bestellt. Trink!« Swanakovsky hielt ihr eine Tasse hin.

Vorsichtig nahm Stella sie in ihre Hände. »Danke!«

Die Männer tranken Kaffee, der ihnen von einem Schaffner serviert wurde. Der Tee war köstlich. Erst als sie die Wärme in ihrem Magen spürte, bemerkte Stella, dass es guttat, von innen gewärmt zu werden.

»Danke«, sagte sie noch einmal und blickte wieder aus dem Fenster.

Erst als ihr die Augen schwer wurden und die Teetasse aus ihren Händen glitt, realisierte sie, dass Swanakovsky ihr ein Schlafmittel in den Tee gegeben hatte. Es wirkte rasch und Stella versank in gnädige Schwärze.

***

Stella erwachte mit Kopfschmerzen. Stöhnend hob sie eine Hand an ihre Schläfen.

»Na endlich«, hörte sie jemanden sagen. Wer sprach hier? War das eine Frau oder ein Mann? Die Stimme klang verzerrt und fremd. Nur allmählich gelang es Stella, ihre Augen zu öffnen.

»Wo bin ich?«, fragte sie mit schleppender Stimme.

»Dort, wo du hingehörst«, sagte eine Männerstimme. Stella blickte auf und sah in das Gesicht eines Mannes, der ihr vage bekannt vorkam. Drei Atemzüge lang brauchte sie, bis die Erinnerung zurückkehrte.

Swanakovsky! Sie erkannte ihn. Im letzten Augenblick gelang es ihr, den Namen nicht laut auszusprechen.

»Fangt an«, befahl Swanakovsky.

Anfangen? Stella blickte umher und sah, dass zwei Männer an ihr Bett herantraten.

Sie lag in einem Bett? Wie war sie hierhergekommen? Der Tee! Noch eine Erinnerung kam auf – Swanakovsky hatte sie betäubt.

Einer der beiden riss die Decke vom Bett. Die Kühle, die augenblicklich auf ihre Haut prallte, machte ihr klar, dass sie nackt war.

»Nein!«, schrie sie und begann sich gegen die beiden Männer zu wehren.

»Haltet sie fest«, befahl Swanakovsky.

Stella wehrte sich mit all ihren Kräften, die allerdings nicht sehr stark waren, nachdem sie erst aus ihrer Betäubung aufgewacht war.

»Boss, das ist eine kleine Wildkatze«, sagte einer der Männer lachend. Er drückte ihre Schultern mit einer Hand auf das Bett, während er mit dem Knie ihre Hand fixierte. Mit der freien Hand packte er ihr Knie von unten und zog es zur Seite. Das Gleiche tat der zweite Mann auf der anderen Seite. Mit geöffneten Schenkeln war Stella auf dem Bett fixiert.

»Nein!« Ihr Schrei klang gequält. Swanakovsky trat zwischen ihre Beine und betrachtete sie mit gierigem Blick.

»So ein Prachtweib. Schaut euch ihre Titten an. Voll und fest. Nur ihr Fell da muss weg!« Er zeigte auf ihre Schambehaarung.

Stella versuchte, ihn zu treten, was ihr aber nicht gelang, denn die beiden Männer, die sie hielten, waren aufmerksam.

»Na, dann wollen wir mal«, hörte sie eine Stimme, die sie noch nicht kannte.

Swanakovsky trat zurück. Der Mann schob einen Hocker an das Bett heran, setzte sich darauf und begann mit den Fingern Stellas Scham zu streicheln.

»Ich werde dich untersuchen, Mädchen. Meine Aufgabe ist es, auf die Gesundheit der Mädchen hier zu achten«, sprach der Mann. »Ich bin sozusagen der Hausarzt hier.«

Alle Männer lachten. Stella konnte nichts dagegen tun, dass der Arzt sie mit zwei Fingern vaginal penetrierte. »Ah, sehr schön. Da ist alles, wo es sein sollte. Sie hat sich nicht mit den Bauernburschen im Heu gewälzt. Ein bisschen trocken ist es hier unten. Entweder lernt sie von den Mädchen, oder es muss immer ein wenig Öl verwendet werden.«

Als ein Finger des Arztes anal in sie gedrückt wurde, schrie Stella auf. »Auch da, absolut jungfräulich.«

»Schade«, sagte einer der Männer, die sie hielten.

»Ihr dürft schon einmal an ihr naschen«, sagte Swanakovsky. »Später. So, und jetzt geht runter und sucht euch eines der Mädchen aus, lasst Dampf ab. Ihr seid ja beide ordentlich hart geworden.«

Swanakovsky lachte. Stella rollte sich auf die Seite, als die Männer sie freigaben.

»Schickt mir Lilly, ich will mit ihr alles besprechen.«

»Bin schon da.« Eine Frau fegte ins Zimmer und ging zu Stella. Sie hob die Decke an und legte sie liebevoll über Stellas erstarrten Körper.

»Ich will, dass du sie vorbereitest. Wir machen einen tollen Polterabend. Das bringt …« Swanakovsky wurde von der Frau forsch unterbrochen.

»Lass den Scheiß. Das Mädchen ist noch nicht so weit, um hier zu arbeiten. Ich werde sie vorbereiten und du kannst auch deinen beschissenen Polterabend mit ihr haben. Aber ich sage, wenn sie so weit ist.«

»Du bist ein vorlautes Luder«, knurrte Swanakovsky.

»Und du hast keine Ahnung, was es heißt, die Mädchen arbeitsfähig zu machen«, entgegnete Lilly furchtlos.

»Dann beeil dich. Ich brauche das Geld.«

»Mach dein Sommerfest. Die Mädchen sind bereit dafür, in dem Waldteich zu baden, den du ausgesucht hast, und sich zufällig von einem wandernden Männerhaufen finden zu lassen. Ein Mädchen pro Mann. Das sollte ihnen gefallen. Da kannst du deine finanzielle Lücke füllen. Aber lass mich mit diesem Mädchen hier arbeiten, solange ich es für richtig erachte. Sieh sie dir an. Sie ist etwas Besonderes. Mach sie nicht kaputt, bevor sie zu gebrauchen ist.«

Swanakovsky starrte Lilly an, dann nickte er. »Aber lass dir nicht zu viel Zeit.«

Lilly nickte.

Der Mann verließ den Raum. An der Tür blieb er stehen und sagte zu Lilly. »Und rasiere ihre Fotze. Ich will sie völlig nackt anbieten.«

Bei diesen Worten schluchzte Stella auf. Als die Tür ins Schloss fiel, wandte sich Lilly an Stella. »Du hast schon mitbekommen, wo du gelandet bist, oder?«

Stella nickte.

»Was hast du gelernt?«, fragte sie mit leiser Stimme und setzte sich an Stellas Bett.

»Ich kann kochen, waschen und bügeln.« Stella setzte sich auf und zog die Decke über sich. Sie sah zu Lilly. »Aber das wird hier nicht gebraucht, nehme ich an.«

»Ganz im Gegenteil, meine Liebe. Ich brauche dringend jemanden, der mir hier hilft, Ordnung zu halten. Ich suche ein Zimmermädchen. Und am Abend kannst du in der Küche helfen. Ich bezahle dich fair, Stella.«

Stella hatte mit vielem gerechnet, aber nicht damit, dass sie in einem Bordell als Zimmermädchen arbeiten würde. Schon gar nicht nach der erniedrigenden Untersuchung des Arztes. Sie blickte sich um und fand das Zimmer leer.

»Ah, du suchst Dr. Kramer. Er wird gerade bei Silvia entlohnt. Silvia ist das Mädchen, das die besten Dienste mit ihrem Mund anbietet. Dr. Kramer schätzt das sehr. Also haben wir uns darauf geeinigt, dass nach jeder Untersuchung hier in unserem Haus, Silvia die Rechnung begleicht. Silvia mag den Arzt und so haben beide Seiten Freude daran. Eine gute Lösung.« Lilly grinste.

»Was heißt, einen Dienst mit dem Mund anbieten?«, fragte Stella vorsichtig.

»Oh, das werde ich dir zu gegebener Zeit erklären. Jetzt ruh dich aus. Ich werde dich morgen früh den Mädchen vorstellen. Wir freuen uns immer über Zugänge beim Personal. Manche bleiben nicht lange. Die meisten arbeiten gern hier. Für heute möchte ich, dass du dich ausruhst. Ich lasse dir Essen ins Zimmer bringen. Jetzt haben wir Kundschaft im Haus, um die ich mich kümmern muss - und ich denke, du brauchst Ruhe.«

Lilly erhob sich. »Wenn das Essen hier ist, sperr die Tür ab«, wie sie Stella an.

Stella nickte.

Kurze Zeit später dampfte heiße Suppe aus einer Schüssel auf dem Tisch und Stella sperrte die Zimmertür ab. Dass Lilly ihr auch ein Nachthemd und ein Kleid mitgeschickt hatte, freute Stella besonders. Rasch schlüpfte sie ins Nachthemd und machte sich über die Suppe her. Rindfleischsuppe mit Frittaten. Wann hatte das je besser geschmeckt?

Sie mochte Lilly auf Anhieb. Lilly war auf jeden Fall die Dame, die dieses Etablissement führte. Dass sie dabei respektvoll mit allen umging, erkannte Stella sofort. Das Mädchen namens Molly, welches sie mit Suppe und Kleidung versorgte, war neugierig gewesen, jedoch schnell wieder verschwunden.

Stella dachte nach. Sie konnte nicht zurück zu ihrer Tante. Sie würde damit sowohl ihre Tante als auch Luna gefährden. Aber hier würde sie nicht bleiben. Fest entschlossen, zu fliehen, legte sie sich ins Bett. Sie würde einen Weg finden. Das wusste sie. Sie würde nicht hierbleiben. Mit diesem Vorsatz schlief sie ein.

***

Die Tage vergingen. Stella hatte die Mädchen kennengelernt. Siebzehn junge Frauen boten in diesem Bordell ihre Dienste an. Am meisten hatte sie Molly ins Herz geschlossen. Und Silvia, welche sie Silvy nannte. Die drei verbrachten, wann immer es ging, Zeit zusammen. Silvy und Molly führten Stella im Haus herum. Sie zeigten ihr die verborgenen Orte des Hauses, wo sie sich aufhalten konnte, um den Betrieb nicht zu stören.

Stella begann ihr Tagwerk früh. Sie bezog die Betten, putzte die Bäder, wusch Geschirr ab, räumte den Gesellschaftsraum auf und half auch dabei, die Wäsche zu bügeln, wenn die dafür verantwortliche Wäscherin nicht damit nachkam.

Die Arbeit ging ihr leicht von der Hand. Lilly achtete darauf, dass Stella von den Kunden nicht gesehen wurde. Und sie schickte Stella auch immer um spätestens zweiundzwanzig Uhr auf ihr Zimmer. Stella hinterfragte es nicht. Sie war jeden Tag müde von ihrer Arbeit. Außerdem machte ihr der Gedanke, dass sie hier einmal von einem Mann für eine Nacht ausgewählt würde, Angst.

So vergingen Wochen und Stella hatte sich doch tatsächlich im Bordell eingelebt. An Flucht war nicht zu denken. Es gab Wachen an den Türen und sie waren aufmerksam. Nicht einmal in den Garten, um Kräuter für die Küche zu holen, durfte sie allein gehen.

Eines Nachts wurde das Zimmer neben ihrer Kammer an einen Freier vergeben. An der Stimme erkannte sie Molly, welche kundtat, dem Mann zu Diensten sein zu wollen.

Stella spitzte ihre Ohren. Die Wand, welche die beiden Zimmer trennte, war keineswegs schalldicht, so wie es die anderen Zimmer zu sein schienen.

»Zieh dich aus, Molly. Ich will sehen, ob deine Titten so prall sind wie letzte Nacht.«

Oh, Molly kannte ihren Freier. Sie hörte, dass Molly lachte. Schritte erklangen und Molly schrie kurz auf.

»Gott, wie ich diese vollen Halbkugeln liebe. Schau, sie passen perfekt in meine Hände.«

Molly stöhnte auf.

»Magst du es, wenn ich dich hier berühre?«, fragte der Mann.

»Ja!«

Molly mochte das? Wirklich? Musste sie nicht viel eher die Lust des Freiers über sich ergehen lassen?

Stella war bis jetzt immer gern in ihre Kammer geflüchtet.

Sie hatte ihre Aufgaben erfüllt und wollte nicht darüber nachdenken, welches die Aufgaben der anderen Mädchen waren.

Jetzt hörte sie zu, wie Molly einen Kunden bediente. Und es schien Molly tatsächlich zu gefallen, was der mit ihr anstellte. Oder sagte sie das nur? Stella war verwirrt.

Lustvolles Stöhnen wurde laut und Stella richtete sich auf. Hatte Molly Schmerzen?

»Magst du es, wenn ich dich hier grob packe?«, fragte der Mann.

Molly stöhnte erneut.

»Oh ja, du magst es, ich sehe es. Deine Warzen sind hart wie Kieselsteine und deine Vorhöfe… Gott, Molly, die sind fast braun, so dunkel sind sie geworden, seit ich mit ihnen spiele. Sag mir, dass du das hier so magst wie ich.«

»Ich mag es. Nimm sie fester… ah… ja.« Mollys Stimme klang fremd. Dunkel, rau.

»Bist du nass für mich?« Der Mann lachte. »Oh ja, Molly, du willst meinen Schwanz, nicht wahr?«

»Gib mir deinen dicken Schwanz. Ich brauche ihn.«

Stella hielt den Atem an. Die Hitze in ihrem Gesicht – war sie rot geworden? Es wurde ihr heiß, als sie Mollys Stimme hörte.

»Ja. Ja, tiefer! Oh Gott, tiefer… bitte.«

»Du geiles Luder, brauchst einen richtigen Mann, nicht wahr? Du brauchst es, tief gefickt zu werden.«

Klatschende Geräusche erklangen.

»Du bist so wunderbar tief in mir«, stöhnte Molly.

»Molly, weißt du, wer die geilste Hure in diesem Etablissement ist? Ja? Willst du es wissen?« Sein leises, raues Lachen unterbrach seine wilden Stöße nicht. »Du, Molly, du bist das prächtigste Hurenweib hier. Deine Titten sind die schönsten. Dein Arsch ist der Beste. Willst du mich auch in deinem Arsch spüren?«

»Wenn du es willst.« Molly klang irgendwie nicht begeistert.

»Ja, ich will. Den ganzen Tag freue mich schon auf dein enges Loch«, bestätigte der Mann. »Dein kleines Arschloch ist so eng, Molly. Es macht mich verrückt vor Lust, dich dort aufzuspießen.«

Das Klatschen des Aufeinanderprallens der beiden Leiber setzte kurz aus. Ein wimmerndes Geräusch erklang. Molly stöhnte und jetzt klang es anders als vorher.

»Einen großen Schwanz im Arsch stecken zu haben, das schaffst nur du auf diese Weise, Molly.« Nun stöhnte auch der Mann und wieder klang das klatschende Geräusch, als sein Becken auf ihre Hinterbacken prallte.

Beide stöhnten. Molly schrie kurz auf. Dann schrie der Mann.

»Molly, meine geile Hurenfotze. Du bist die Beste«, keuchte der Mann.

Dann wurde es still. Irgendwann bewegten sich beide.

»Ich mag es nicht, wenn deine Fotze wieder in diesem Unterrock verschwindet«, sagte der Mann.

»Ich freue mich auf nächste Woche«, sagte Molly. »Wieder am Mittwochabend, wie immer, ja?«

»Ja«, antwortete der Mann. »Gibst du mir einen Kuss, dass ich von dir träumen kann?«

»Kein Kuss«, sagte Molly und sie klang sehr bestimmt.

»Nächste Woche wirst du meinen Schwanz küssen«, bestimmte der Mann.

»Was immer du willst«, gurrte Molly. »Ich will dich glücklich machen.«

»Oh, das machst du. Du machst mich glücklich. Freu dich auf mich nächste Woche. Ich werde alle deine Löcher stopfen, Molly. Du sollst nicht mehr laufen können, so will ich dich ficken.«

Sie lachten beide.

Zusammen verließen sie das Zimmer.

Stella saß in ihrem Bett und fühlte, dass ihr Herz bis zu

ihrem Hals pochte. Sie war … aufgeregt. Nein, es war etwas Neues. So hatte sie noch nie gefühlt. Es war keine Angst, die in ihr tobte. Sie war aufgewühlt. Das, was sie mit angehört hatte, machte sie nervös.

Würde das ihre Zukunft sein?

Es klopfte an der Tür.

»Stella, bist du wach? Ich bin's, Silvia. Kann ich bitte reinkommen?«

Stella stand auf und öffnete die Tür.

»Mein Zimmer ist besetzt. Einer der Freier ist betrunken und wir haben ihn in ein Bett gesteckt, damit er sich ausschlafen kann. Aber jetzt habe ich kein Bett. Kann ich heute Nacht bei dir schlafen?«, fragte Silvia.

»Sicher, komm rein, Silvy. Mein Bett ist groß genug für zwei«, sagte Stella und zog ihre Freundin in ihre Kammer. Rasch sperrte sie die Tür ab.

Silvia ging zum einzigen Sessel in der Kammer und begann sich zu entkleiden. Nackt schlüpfte sie unter die Bettdecke. Sie kuschelte sich an Stella.

»Alles in Ordnung bei dir?«, fragte Silvia.

»Ja«, gab Stella zurück.

»Du bist so angespannt.«

»Mir tut der Rücken weh«, log Stella.

»Ah.«

Nach einer Weile begann Stella zu sprechen. »Ich habe Molly gehört.«

»Molly? Gehört? Was meinst du?«, fragte Silvia.

»Sie war mit einem Mann im Zimmer nebenan. Ich habe gesehen, dass sie reingegangen sind. Du musst es gehört haben.«

Silvia lachte. »Warte, heute ist Mittwoch. Ah ja, ich weiß schon. Der Mann mit der dicken Rute.« erklärte sie mit einem Schmunzeln.

»Rute?«, fragte Stella irritiert.

»Mollys Verehrer hat einen Prachtschwanz, Stella. Er ist bestückt, wie ein Hengst. Und er versteht es, ein Mädchen ordentlich ranzunehmen. Da kommen auch die Mädchen auf ihre Kosten.«

»Ist das denn in Ordnung für ein Mädchen?«, wollte Stella wissen.

»Bei ihm ist alles okay, Stella. Der fickt deinen ganzen Körper, nicht nur dein Löchlein. Und er hat einen Narren an Molly gefressen. Er bucht sie über Wochen hinaus. Und Molly ist vernarrt in ihn. Ich glaube, die würde ihm sogar ihr enges Arschloch überlassen, nur um ihm eine Freude zu machen.«

Stella blickte Silvia an. »Würde sie das?«, fragte sie nach.

»So etwas kostet immer extra, musst du wissen. Und das ordentlich. Bei diesem Freier würde es doppelt so viel kosten. Würde er es wollen, würde es ihm Molly gestatten, ohne es Lilly zu melden. Es wäre die einzige Möglichkeit, ihm zu zeigen, wie sehr sie ihm zugetan ist.«

Stella schwieg.

»Hat es dich erregt?«, fragte Silvia.

»Was?«

»Hat es dich angemacht, was du gehört hast?«

»Ich… ich weiß es nicht. Nein, ich glaube nicht.«

»Lass mich nachsehen.«

»Nachsehen?« Stella wusste nicht, worauf Silvia hinauswollte.

»Los, zieh dein Nachthemd aus, Stella!« Silvias Stimme war plötzlich hart.

»Was soll das?« Stella zog sich von Silvia zurück.

»Mach sofort, was ich sage, oder ich zeige dir, dass es bei uns angesagt ist, zu gehorchen.«

Stella starrte Silvia in der Dunkelheit an. Von draußen drang gerade einmal so viel Licht in die Kammer, dass sie Silvia erkennen konnte.

Silvia griff nach ihr und packte Stellas Nachthemd. Ein Ruck und sie schälte den Stoff in Fetzen von Stellas Körper.

»Leg dich auf den Rücken und öffne die Beine«, verlangte Silvia.

»Silvy?« Stella versuchte, aus dem Bett zu steigen.

»Stella, ich sag dir jetzt was. Wenn du nicht tust, was ich dir sage, hole ich die beiden Männer, die dich bei deiner ersten Untersuchung gehalten haben, damit sie dich erneut halten. Leg – dich – hin!«

Stella gehorchte langsam. Silvia griff nach ihren Schenkeln und schob sie auseinander.

»Oh ja, du bist nass. So ist es gut, Stella. Das ist die Voraussetzung für alles hier in diesem Haus. Dein Loch muss Saft produzieren. Nur so kannst du die Schwänze ertragen, die sich in deine Mitte drücken werden. Bist du zu trocken, hast du Schmerzen. Aber du wirst nicht trocken sein, meine Schöne. Du wirst so viel Saft aus dir laufen lassen, dass es für dich auch schön werden wird.«

Silvia beugte sich vor und schnupperte. »Du riechst gut.«

Diese Feststellung untermauerte sie mit einem Lächeln, das sie Stella schenkte.

»So, und jetzt komm. Wir müssen da was korrigieren. Ab in den Waschraum. Und wage nicht, dich mir zu widersetzen.«

Stella wagte es tatsächlich nicht, Widerstand zu leisten, als Silvia sie auf den Fliesenboden legte, ihre Scham einschäumte und ihr Schamhaar von ihrer Vulva schabte.

»Nackt hier unten – das mögen die Männer«, erklärte sie.

»Aber ich bin doch nur das Dienstmädchen«, wagte Stella zu sagen.

»Ah, ja«, Silvia hielt kurz inne und grinste. »Dienstmädchen müssen in diesem Haus hier an dieser Stelle auch nackt sein.« Sie lachte über ihren Witz.

»Stell dich in die Badewanne und lass dich abspülen.«

Sie spülte Stella mit dem Wasser aus dem Waschkrug ab. Es war kalt und Stella fröstelte.

»Komm ins Bett, ich wärme dich«, bot Silvia an.

Stella schlüpfte ins Bett und Silvia kam zu ihr. Sie kuschelte sich an Stella und beobachtete, wie Stella rasch in den Schlaf glitt. Zufrieden lächelte Silvia.

»Das ging ja leichter, als ich gedacht habe«, sagte sie leise. Eine Tür an der Hinterwand öffnete sich und Lilly trat ein.

»Das hast du gut gemacht, Silvia. Du hast Stellas devote Seite aufgezeigt«, flüsterte Lilly.

»Sie ist wunderschön. Ihre langen Beine und ihr langes, blondes Haar - die Männer werden Schlange stehen«, grinste Silvia.

»Morgen wird Molly wieder dieses Zimmer nehmen. Jede Nacht, diese Woche. Stella soll mithören. In vier Tagen kommst du wieder zu ihr. Und dann werden wir ihr zusammen zeigen, was in ihr steckt.« Lillys Stimme war nur ein Flüstern. Aber ihre Augen leuchteten voll Vorfreude.

***

Vier Nächte später saß Stella in ihrem Bett. Im Nebenzimmer bediente Molly zwei Freier.

Zwei Männer!

Die Worte, die zwischen den drei Menschen fielen, riefen dieses Ziehen in Stellas Unterleib hervor, welches sie nun jede Nacht begleitete.

»Also wer, meine geschätzten Herren, wählt meinen Hintereingang?«, fragte Molly und lachte.

»Spieß dich auf Sams Schwanz auf, Molly und überlass den Rest uns«, wies ein Mann sie an. Mollys Lachen war hell.

»Oh, sie ist so verdammt gut«, stöhnte jemand. Es war offensichtlich Sam, der jetzt von Molly bedient wurde. Stella versuchte, sich vorzustellen, wie Molly die Lust der Männer stillte.

»Verdammt, so eng«, stöhnte wieder einer der Männer.

»Ihr seid so gut«, schnurrte Molly. »Ah, es wird immer besser mit euch. Reitet mich. Ja. Nehmt mich ordentlich ran. Ich will das«, keuchte sie.

Das Geräusch der aufeinander klatschenden Körper war Stella nicht mehr fremd. Stöhnen, kurze Schreie, gemurmelte Flüche.

Molly schrie auf. Gleich darauf kamen beide Männer jammernd zum Höhepunkt.

»Du kleine Hure laugst mich aus.«

Das war Sams Stimme, erkannte Stella.

Stella versuchte, die Geräusche aus dem Nebenzimmer auszublenden. Aber das ging nicht. Die Holzwand war zu dünn – und die drei im Nebenzimmer hatten keinen Grund, leise zu sein. Molly lachte und bot den Männern an, sie zu waschen.

Molly war offensichtlich auch der Liebling dieser Männer. Und auch der Männer der vorigen Nächte. Molly wurde nicht nur einmal pro Abend gebucht. Sie arbeitet lange in die Nacht hinein. Sosehr es Stella missfiel, wie viele Männer Molly benutzten, das, was sie hörte, erregte sie.

Molly verstand es, den Männern zu zeigen, dass sie das, was sie mit ihr machten, auch wollte. Aber wollte sie das wirklich? Oder sagte sie es nur? Konnte eine Frau das wollen, was Männer von ihr verlangten?

Als die Geheimtür sich öffnete und Lilly zusammen mit Silvia eintrat, schreckte Stella zusammen. Verwirrt schaute Stella auf die Tür, die sie bis jetzt noch nicht bemerkt hatte. Sie passte perfekt in die Holzvertäfelung, welche diese Wand zierte.

»Hat dir gefallen, was du gehört hast, Stella?«, fragte Lilly.

»Ich weiß nicht …«Stella sah unsicher auf Silvia, die sich entkleidete.

»Nachthemd aus, Stella«, befahl Silvia.

Langsam stieg Stella aus ihrem Bett und zog das Nachthemd über ihren Kopf.

»Leg dich auf das Bett und spreize deine Beine.« Silvia war nun ebenfalls nackt und trat an Stella heran, die tatsächlich gehorchte. Langsam öffnete sie ihre Schenkel.

Stellas Überraschung stieg, als Lilly ebenfalls nackt neben ihrem Bett stand und sich auf die Bettkante setzte.

»Ich möchte dir zeigen, dass dein Körper es schön finden kann, wenn du berührt wirst.« Lillys Stimme war so sanft wie das Säuseln des Windes.

»Warum?«, fragte Stella leise.

»Deine Zeit als Zimmermädchens ist vorbei, Stella. Einige Kunden haben dich gesehen und wollen dich etwas besser kennenlernen. Es gibt einen Freier, der sehr viel Geld dafür bezahlt hat, dir als Erster vorgestellt zu werden. Ich bin nicht in der Lage, dieses übermäßig großzügige Angebot abzulehnen. Willkommen in der Welt der Lüste, schöne Stella.« Lilly beugte sich nach vor und küsste Stellas volle Lippen ganz zart.

»Wir tun dir nicht weh, Mädchen. Das verspreche ich«, hauchte Lilly an Stellas Lippen, bevor sie ihre Lippen auf Stellas presste. Und Stella brauchte nur einen Augenblick, um den Kuss zu erwidern. Leidenschaftlich drang Lillys Zunge in ihren Mund und unterwarf das unerfahrene Mädchen, während Silvia Stellas Beine in gespreizter Position an die Bettpfosten fesselte. Doch als Stella es wahrnahm, stöhnte sie lediglich lustvoll. Sowohl Lilly als auch Silvia packten je ein Handgelenk ihrer Schülerin und fesselten diese ebenfalls an einen Bettpfosten. Stella war auf dem Bett fixiert und dem sündigen Verlangen der beiden Frauen ausgeliefert.

»Ich befehle dir, es zu genießen«, sagte Silvia und lachte auf Stella, die sich vor ihnen in ihren Fesseln wand, herab.

»So schön, so bereit«, sagte Lilly schmeichelnd und streichelte mit ihren Fingern durch Stellas nasse Falte. »Sie riecht so einladend. Die Männer werden sich um dich reißen, schöne Stella.«

Es war Lilly, die sich nun um Stellas Brüste kümmerte. Mit Händen, Fingernägeln, Mund und Zähnen. Und sie gönnte Stella keine Pause, bis sie kleine, spitze Schreie von sich gab.

»Sie läuft über«, stellte Silvia fest, die sich über Stellas Mitte beugte.

»Bring sie zum Schreien. Ich will es hören, wenn sie wieder und wieder kommt«, ordnete Lilly an.

Silvia hatte nur auf diesen Befehl gewartet. Ihr Mund bemächtigte sich der Klitoris des gefesselten Mädchens. Es dauerte nicht lange, und Stella brüllte ihren ersten Höhepunkt in die Nacht. Sie fühlte, dass Nässe aus ihrer Scheide quoll.

»Bitte«, wimmerte Stella.

»Wir helfen dir«, versprach Lilly und küsste Stellas Mund genau in dem Moment, als Silvias Zunge an Stellas Scheide zu lecken begann und ihre Lippen sich daran festsaugten. Stellas Körper bog sich durch, soweit es ihre Fesseln zuließen.

Die beiden Frauen nahmen Stellas Körper in Besitz. Ihre Erfahrenheit führte Stella auf den Weg der Leidenschaft und Stella ließ sich mit erfreulichem Eifer auf diesen Weg geleiten. Erschöpft lag sie in ihren Fesseln, als Lilly und Silvia von ihr abließen.

»Du siehst heiß aus, Stella«, sagte Lilly lächelnd.

»Es war… intensiv«, krächzte Stella.

»Dabei hast du noch nicht einmal erfahren, wie es sich anfühlt, von einem Männerschwanz aufgespießt und ordentlich gefickt zu werden. Du wirst es lieben«, versprach Lilly und küsste das erschöpfte Mädchen, während Silvia die Fesseln löste.

Rasch kleideten die beiden Frauen sich an und verließen Stellas Kammer durch die geheime Tür.

Stellas Finger wanderten zu ihrer rasierten Scham. Sie war so nass. Stella rieb ihre Klitoris und stöhnte vor Lust. Das war tatsächlich angenehm. Ihre Gedanken rasten. Das, was die Frauen mit ihr gemacht hatten, hatte ihr gefallen. Und das Schlimmste daran war, dass sie das wieder erfahren wollte.

***

Stella hatte an den nächsten Tagen weiter ihre Arbeit in den Zimmern verrichtet. Aber nun fragte sie sich, was die Frauen und die Männer in der Nacht davor getan hatten, dass die Betten so zerwühlt waren. Kaum etwas hatte sich geändert. Außer, dass das Zimmer neben ihrer Kammer nun jede Nacht mehrmals benutzt wurde. Und das nicht nur von Molly.

Stella erkannte, dass jede Frau auf andere Weise ihren Freier bediente. Sie hörte auch, dass manche Männer kaum redeten, die Frau benutzten und sich dann sofort zurückzogen. Da die Liebesdienste oft bis in die Morgenstunden angeboten wurden, lag Stella meist die halbe Nacht wach. Und das, was sie sich in ihrem Kopf ausmalte, machte sie halb verrückt vor Verlangen.

»Du siehst müde aus«, stellte Lilly fest.

Stella antwortete nicht. Was sollte sie auch sagen?

»Wir müssen dennoch üben, Stella. Dein Polterabend rückt näher«, sagte Lilly. »Und du hast noch eine ganze Menge zu lernen.«

Und Stella lernte eifrig. Lilly ließ sie nackt durch den Raum stolzieren, bis sie es beherrschte, ihre Hüften sinnlich zu schwingen. Stella wurde in neue Kleider gesteckt. Röcke, die bis zu ihren Hüften geschlitzt waren und zeigten, dass sie keine Unterwäsche trug. Korsetts, die ihre Brüste frei ließen. Und Analplugs, die ihr Poloch langsam dehnten, um sie für ihren ersten Männerkontakt vorzubereiten.

Das Bemerkenswerte an allem war, dass Stella sich gegen nichts widersetzte. Man zeigte ihr Holzstäbchen unterschiedlicher Dicke und in verschiedenen Längen. An ihnen lernte sie, längliche Dinge tief in ihren Mund aufzunehmen. Die Köchin gab ihr dazu eine Gurke, mit der sie das auch üben sollte. Das war anfangs tatsächlich eine Herausforderung für Stella, die sie nicht meisterte.

»Versuche das Ding zu schlucken«, sagte die Köchin. Sie half Stella, wenn sie übte. Die Köchin wusste, was die Gäste in diesem Etablissement wünschten. Sie kannte kein Pardon und sie übte es so lange mit Stella, bis der Würgereflex zurückging.

In immer wiederkehrenden Übungseinheiten in den Nächten wurde Stella damit vertraut, Frauen zu befriedigen. Ihre Zunge war geschickt darin geworden, Lilly und Silvia Freude zu bereiten. Dafür wurde sie von den beiden belohnt und wurde zum Orgasmus geleckt. Stella lebte ihre Lust immer bewusster aus und so kam es, dass die Schreie, die ihr Lilly und Silvia entlockten, durch das Haus drangen. Das erregte die Aufmerksamkeit der Gäste. Es gab immer mehr Anfragen. Aber Lilly lehnte alle ab.

»Sie ist bereits gebucht. Sobald sie zur Verfügung steht, werde ich Sie informieren«, sagte Lilly zu den Interessenten.

»Wer hat mich gebucht?«, fragte Stella eines Abends.

»Er hat mir verboten, es dir zu sagen, Stella. Aber hab keine Angst vor ihm. Er … er ist besonders. Er wird deinen Polterabend zu etwas Besonderem machen.«

Lilly war nicht bereit, Stella noch weitere Informationen zu geben.

***

Stellas Zeit als Zimmermädchen ging zu Ende. Eine andere junge Frau übernahm diese Aufgabe. Stella lernte, ihren Körper zu pflegen und ihre Schönheit zu unterstreichen. Sie tat es ausführlich und sie spielte ebenso oft mit den Körpern ihrer Freundinnen, wie diese mit ihrem Körper spielten.

Silvia lehrte Stella, wie sie es am besten schaffte, einen Spagat zu machen. Stella übte so lange, bis sie es schaffte, die Beine seitlich weggleiten zu lassen und ihr Geschlecht auf ein Kissen zu senken.

»Wenn du dich einem Mann auf diese Weise anbietest, wird ihn das verrückt machen«, behauptete Silvia grinsend.

»Wie soll ich mich einem Mann auf diese Weise anbieten?«, fragte Stella.

»Lass ihn auf dem Rücken liegen, sodass sein Pfahl von ihm absteht. Dann komm über ihn, gleite in den Spagat und spieß dich dabei auf seinem harten Schwanz auf. Das Wichtigste dabei ist, dass du lächelst. Es muss leicht aussehen«, unterrichtete Silvia ihre Freundin.

»Geht das wirklich?«, erkundigte sich Stella ungläubig.

»Mit ein wenig Übung, ja. Meine Kunden fahren drauf ab«, versicherte Silvia ihr.

Molly lud Stella nun jede Nacht ein, sie bei ihrer Arbeit von einem Guckloch aus zu beobachten. Dabei zeigte sie ihr, wie sie den Schwanz eines Mannes reiten konnte. Wie fantasiereich Molly doch war. Den einen Freier ritt sie im Bett, den anderen auf einem Sofa und den dritten so auf ihm sitzend, dass sie mit dem Rücken an ihn gelehnt war. Aber dem letzten schenkte sie den berauschenden Anblick ihres Spiegelbildes. Weit gespreizt gab sie den Blick frei auf ihre nasse Möse und den Schwanz, den sie in sich hineinschob und wieder herauszog. Letztlich tat sie das in einer atemberaubenden Geschwindigkeit. Stella war begeistert.

Molly war eine gute Lehrerin. Sie ließ in den Stunden, die sie gemeinsam verbrachten, Stella auf ihren Körper steigen. »Reite mich«, verlangte sie. So erlangte Stella die Möglichkeit, auch dieses Liebesspiel wenigstens so weit zu erlernen, wie es eben möglich war, ohne Penetration jemanden zu reiten.

»Bewege dich langsam. Ja«, leitete Molly sie an. »Wenn du den Schwanz des Mannes aufgenommen hast, dann kreise mit deinen Hüften. Langsam. Und spanne deine inneren Muskeln, so fest du es vermagst, an. Wenn er mit seiner Beherrschung ringt, beginne, dich auf und ab zu bewegen. Dabei spann immer wieder deine Muskeln an. Entspannen und anspannen. Immer abwechseln. Dadurch massierst du den Stab des Mannes. Mach diese Bewegungen, Stella. Übe das jeden Tag, immer wieder.« Molly war gnadenlos und Stella gefiel, dass sie selbst etwas bestimmen konnte, wenn sie einen Mann bediente. Stella revanchierte sich bei Molly, indem sie mit dem größten Dildo, den sie gefunden hatte, in ihre nasse Grotte eindrang und sie zum Orgasmus brachte.

Molly war außer Atem, als sie sich zu Stella drehte. »Du bist geboren für das hier, weißt du das?«

Stella schüttelte den Kopf. Nein, das war sie nicht. Sie war zu dem hier gezwungen worden. Sie hatte nicht die Möglichkeit gehabt, es abzulehnen. Sie hoffte, indem sie sich darauf einließ, dass Luna sicher war. Und sie nahm sich vor, wenn sie das hier schon tun musste, es zu genießen.

Die Tage zogen sich dahin. Die Köchin gab Stella verschiedene Teemischungen, welche Stella auch gehorsam trank. Die Wirkung des Tees spürte Stella sofort. Sie wurde nervös, wenn sie ihn trank. Wenn Molly sie dann berührte, erwachte die Sehnsucht so schmerzlich in Stella, dass sie zu weinen begann. Es war in einem dieser unkontrollierbaren Zustände, dass Silvia begann, Stellas Gesäß mit der Hand zu schlagen, um sie aus diesem Gefühl herauszubekommen. Stellas Jammern beeindruckte Silvia nicht. Aber als Molly und Silvia ihre Freundin auf den Rücken drehten und ihre triefende Nässe bestaunten, leckten sie sie gemeinsam zum Höhepunkt.

Das Versohlen des Hinterns wiederholte sich. Aber es geschah nicht immer mit der flachen Hand ihrer Freundin. Silvia verwendete einmal einen Rohrstock und ein anderes Mal eine kurze Peitsche. Stella reagierte mit ihrer üblichen Nässe, die aus ihrer Grotte tropfte.

***

Lilly rief die Mädchen zusammen.

»Alle, außer Stella und Silvia kommen morgen gegen Mittag mit in den Wald«, ordnete sie an.

»Oh nein«, stöhnte Molly.

»Es ist nur für ein paar Stunden. Wir werden beim Baden im Teich überrascht. Es wird genauso viele Männer wie Mädchen geben. Sie werden euch ein wenig ficken. Um fünfzehn Uhr ist dann Schluss und wir kehren nach Hause zurück. Stellt euch nicht so an.« Lilly wirkte verärgert.

»Hat er das gesagt? Genau so viele Männer wie Mädchen, ja? Und nur bis 15 Uhr? Lilly, ich glaube das nicht«, sagte Vera.

»Er hält doch nie, was er verspricht«, murrte Molly.

»Da hast du leider recht – er hat schon sehr oft die Vereinbarungen gebrochen. Dieses Mal wird er sich an die Abmachung halten. Er muss«, gab Lilly zu. »Wenn er dieses Mal sein Wort bricht, verliert er das Recht auf …« Sie sprach den Satz nicht zu Ende. Aber alle Mädchen sahen auf Stella.

»Wer?«, fragte Stella. Und auf einmal wusste sie die Antwort.

»Swanakovsky?« Stella wurde bleich.

»Ja, Swanakovsky will das schon lange. Er kommt ja öfter mit seinen Geschäftspartnern her, um bessere Geschäfte zu erzielen. Wir sind halt auch ganz schön in der Kreide bei ihm, Mädels«, erklärte Lilly.

»Wir schaffen das, Lilly«, sagte Vera. »Wenn wir mittags aufbrechen, brauchen wir eine halbe Stunde zum Teich. Dort baden wir, bis wir entdeckt werden. Wir laufen ein wenig verschreckt davon, lassen uns einfangen und vögeln. Um 15 Uhr gehen alle nach Hause. Es wird schon alles klappen.« Jeder konnte sehen, dass Vera selbst nicht ganz glaubte, was sie sagte, dass sie aber Lilly unterstützen wollte.

»Ich bin dabei«, lachte Agnes.

»Jetzt weiß ich, warum ich das mache«, grinste Molly.

»Ich werde dabei sein, um euch beizustehen«, erinnerte Lilly.

»Das wird das Ergebnis nicht ändern«, murmelte Silvia.

Am nächsten Tag brachen die Mädchen am späten Vormittag auf. Lilly hatte das Etablissement für diesen Abend gesperrt. Auch sie glaubte nicht, dass Swanakovsky sein Wort halten würde.

Gegen 16 Uhr waren sie immer noch nicht zurück.

Es wurde dunkel und sowohl Stella als auch Silvia waren nervös. »Können wir etwas für sie tun?«, fragte Stella.

Silvia schüttelte den Kopf.

Kurz vor 19 Uhr hielt die erste Kutsche vor dem Haus. Zehn Mädchen kamen in die Halle und gingen sofort auf ihr Zimmer.

»Molly?« Stella hatte ihre Freundin entdeckt.

»Er ist so ein verficktes Arschloch«, sagte Molly müde.

»Was war los?« Silvias strenge Stimme ließ Molly innehalten.

»Er hatte für jeden von uns drei Männer mitgebracht. Sie waren wie Tiere. Er selbst hat sich mit seinem Sohn Lilly vorgenommen. Das war kein Sommerfest. Das war eine Vergewaltigung von …« Sie drehte sich um und ging auf ihr Zimmer.

Die nächste Kutsche fuhr vor. Die Mädchen sahen mitgenommen aus. Aber Lilly selbst war übel zugerichtet. Sie hatte blaue Flecke im Gesicht.

Sie grinste Stella an. »Wir haben ihn besiegt.«

»Aber …«

Lilly hob die Hand. »Alles hat seinen Preis, Stella. Das war es wert.«

Die Köchin brachte den Mädchen das Abendessen auf ihr Zimmer und Stella zog sich zurück. Sie hatte das Gefühl, dass sie die Schuld gegenüber ihren Freundinnen nie gutmachen konnte.

***

Die Mädchen erholten sich und bald lief im Etablissement wieder alles, wie gewohnt. Lilly trug bereits am nächsten Tag so viel Schminke, dass ihre Blutergüsse nicht mehr zu sehen waren. Es war, als wäre alles nur ein böser Traum gewesen.

Eines Morgens rief Lilly alle Mädchen zusammen. »Morgen Abend ist ein Polterabend. Stella wird in ihren neuen Arbeitsbereich eingeführt. Ich erwarte, dass sie von allen unterstützt wird«, begann sie. Die Mädchen nickten und zwinkerten Stella zu.

»Wer hat sie gebucht?«, fragte Madina.

»Er«, sagte Lilly.

»Oh!« Die Mädchen sahen einander an.

»Wer ist ›er‹?«, fragte Stella.

»Du wirst ihn morgen kennenlernen. Er hat deine Schreie gehört und nach dir gefragt. Auch hat er dich einmal gesehen, wie du in der Küche gearbeitet hast. Du hast ihm sehr gut gefallen.« Lilly atmete tief durch. »Danach hat er dich zu sehen gewünscht. Also habe ich ihn dich betrachten lassen, als ich dich lehrte, deine Hüften beim Gehen auf einladende Weise zu bewegen. Er hat dich bewundert, als du Molly geritten hast und sie dich im Anschluss geleckt hat. Du warst wunderschön in deiner Leidenschaft, Stella. Er war begeistert von dir.«

»Ist er schön?«, fragte Stella aufgeregt und schaute in die Runde.

Die Mädchen sahen ihr nicht ins Gesicht, suchten mit ihren Augen irgendwelche Punkte um sie herum und zwangen Stellas Vorstellung in eine Richtung, die ihr Angst machte.

»Schön würde ich nicht unbedingt sagen«, antwortete Vera langsam. »Er versteht es vorzüglich, eine Frau zu befriedigen. Mit interessanten Mitteln. Er …« Vera wirkte ein wenig verlegen.

»Das reicht«, mischte sich Lilly ein. »Geht an die Arbeit und verstört Stella nicht noch mehr. Macht euch bereit für den Abend.«

Der Tag verging rasch. Stella hatte ihren Körper mit Körpercremes und duftenden Ölen verwöhnt und sich ausgeruht. Bald würde sie mit den Männern, die hier ein und aus gingen, nähere Bekanntschaft schließen. Eine Seite in ihr freute sich darauf, ihr Verlangen auszuleben. Die andere lehnte es ab.

Stella dachte an Luna. Nein, sie würde nicht von hier fliehen. Egal, was ihr neues Leben ihr zumuten würde. Sie würde es aushalten. Für Luna. Und für die Tante, die alte Bäuerin.

»Stella, komm mit mir«, rief Lilly. »Diese Vorstellung kann ich dir nicht vorenthalten. Vera wurde soeben von fünf Männern gebucht.«

»Wann? Jetzt?«, fragte Stella. »Aber es ist doch erst drei Uhr am Nachmittag!«

»Ja, das bringt einen Extrabonus. Und fünf Männer zu verwöhnen ebenfalls.«

Lilly schob Stella in den Gang, welchen sie benutzte, wenn sie unentdeckt bleiben wollte. Dieses Mal standen zwei Sessel an der Wand.

»Setz dich, Stella«, flüsterte Lilly. Stella gehorchte und sah fragend zu Lilly. Lilly griff neben Stella an die Wand und schob einen kleinen Riegel zur Seite.

»Auf der anderen Seite ist ein Porträt. Du schaust durch die Augen dieses Bildes auf die Szene, die sich hier abspielen wird. Ein Schleier hängt über dem Bild, sodass deine Augen nicht gesehen werden können. Du jedoch wirst alles sehen. Beobachte gut und lerne«, sagte Lilly und ließ Stella allein.

Stella starrte in den leeren Raum. Aber der Raum blieb nicht lange leer. Vera kam herein. Noch war sie allein. Sie entkleidete sich und ging zur Waschschüssel. Rasch wusch sie sich und griff nach einem Parfümfläschchen. Sie sprühte sich Parfum unter ihre Achseln und mehrmals an ihre Scheide. Dann trug sie das Parfum auch auf ihre Finger auf und schob diese in ihre Scham.

Ihr Aufstöhnen verriet, dass das schmerzhaft war. Dann ging sie weiter zu einem kleinen Schrank, öffnete ihn und entnahm ein kleines Fläschchen. Sie tropfte Flüssigkeit auf ihre Hand und verteilte diese an ihrer Scham und in ihrer Arschfalte.

»Sie macht sich nass, damit sie die Männer abfertigen kann«, flüsterte plötzlich jemand neben ihr.

»Molly?«, antwortete Stella leise.

»Ich werde dir erklären, was du da alles zu sehen bekommst«, grinste ihre Freundin. »Die lassen da heute wenig aus, wirst sehen. Vera ist eine unserer besten. Sie hat oft mehrere Männer zu bedienen und sie ist sehr bekannt.«

»Will sie das?«, fragte Stella leise.

»Die Männer wollen es«, machte Molly klar.

Molly öffnete einen zweiten Schieber und sah in den Raum.

»Ich werde warten, bis die da ordentlich im Geschäft sind, bevor ich dir ein paar Stichworte gebe. Reden können wir dann in deinem Zimmer«, flüsterte Molly. Stella nickte.

Vera legte sich auf das Bett und wartete. Schon kurze Zeit später wurde die Tür erneut geöffnet. Fünf Männer traten ein. Sie waren vollständig bekleidet.

»Vera, du hast gestern Nacht den Mund ziemlich voll genommen«, sagte einer der Männer und ging zum Bett. Vera richtete sich auf und kniete sich hin. Ihre Hände wanderten über ihre Brüste und boten sie den Blicken der Männer an. Veras Brüste waren deutlich kleiner als Lillys, ging es Stella durch den Kopf. Sie grinste in sich hinein. Ehrlich jetzt. Wollte sie die Frauen vergleichen?

»Ich habe den Mund wirklich voll genommen, Richard, als ich deinen Schwanz gelutscht hab. Aber ich habe ihn nicht zu voll genommen, als ich mit dir gewettet habe, es problemlos mit fünf Schwänzen aufzunehmen.« Sie gurrte, als er seine Hand über ihre Brüste gleiten ließ.

»Zu meinen Bedingungen, Vera«, sagte er.

»Die da wären?«, fragte Vera mit einem frechen Lächeln. »Willst du meinen Arsch?«

»Ja, das will ich.«

»Richard, ich freu mich drauf.« Sie grinste ihn an.

»Freu dich nicht zu früh, Vera. Ich will, dass du gleichzeitig zwei Schwänze in der Fotze hast, einen in deinem sündigen Mund und einen zwischen deinen geilen Titten, während ich mir deinen Arsch vornehme.« Jetzt grinste er auf Vera herab, die eine Augenbraue hob.

»Na, immer noch so versessen darauf, mich und meine Freunde gleichzeitig zu bedienen?«, fragte der Mann, den Vera Richard genannt hat.

»Das klingt wunderbar, Richard.« Sie stand auf und näherte sich ihm. »Lass mich dir helfen«, säuselte sie. Richard entledigte sich mit Veras Hilfe seiner Kleidung, während sich die Männer, die mit ihm gekommen waren, entkleideten. Vera ging von einem Mann zum anderen und betrachtete ihre halberregten Schwänze.

»Das wird wirklich heiß, Richard.« Sie nickte ihm zu.

»Eine Bedingung habe ich allerdings«, wandte sie ein.

»Kalte Füße bekommen?«, fragte Richard.

»Nicht im Geringsten. Mit deinen Freunden und dir komme ich auch auf meine Kosten. Nein, was ich verlange, ist, dass du, bevor du meinen Arsch nimmst, Öl verwendest. Es wird für dich angenehmer sein, in mein Loch einzudringen«, sagte Vera und reichte ihm ein Fläschchen.

»So soll es sein«, sagte Richard.

Vera kehrte zum Bett zurück und legte sich auf den Rücken. Dabei spreizte sie ihre Beine und streichelte mit ihren Händen über ihren Körper. Lasziv umschloss sie ihre Brüste und presste sie zusammen und ließ ihre harten Warzen zwischen den Fingern erscheinen. »Das ist für euch«, schnurrte sie. »Und das auch.«

Ihre Hände glitten über ihren Bauch zu ihren Schamlippen, um sie zu öffnen.

Das Stöhnen der Männer entwich allen gleichzeitig und erfüllte den Raum.

»Mach mich hart«, verlangte einer der Männer und packte Vera an ihren Haaren. Vera öffnete ihren Mund und gewährte dem Mann Einlass in ihren Mund. Gleichzeitig griffen ihre Hände nach den Schwänzen zweier Männer, die neben ihr standen, und sie begann sie zu reiben, während der Mann in ihrem Mund seinen Schwanz immer tiefer in ihren Mund stieß.

»Perfekte Zungenarbeit«, keuchte er und Richard lachte.

»Ich habe dir also nicht zu viel versprochen?«, fragte er seinen Freund.

»Oh, sie ist gut«, keuchte der Mann.

Einer der Männer drängte sich zwischen Veras Schenkel und presste seinen Mund auf ihre Möse. »So lecker«, schwärmte er, während er sie schmatzend leckte. Richards Schwanz war längst hart. Er streichelte sich langsam, während er Vera beobachtete, wie sie seine Freunde bediente. Richard schätzte grundsätzlich gute Arbeit. Und er schätzte Veras Bereitschaft, sich auf sie alle einzulassen.

Als der Mann zwischen ihren Beinen ihre Klitoris freigab und sich vom Bett erhob, nahm Richard seinen Platz ein. Er zog sie seinem stahlharten Geschlecht entgegen und rammte sich in ihre nasse Lustgrotte. Die Härte seines Eindringens ließ Vera aufschreien. Sein Daumen drückte auf ihre Klitoris, er zog seinen Schwanz zurück und stieß erneut zu. Er stieß so hart in sie, dass ihr Körper erbebte. Oder war es ihre Lust, die sie beben ließ? Seine rotierenden Bewegungen dehnten sie und sie keuchte.

»Ja, meine schöne Vera. Heute spielen wir nicht. Heute ficken wir. Wir alle fünf. Kein Vorspiel, kein Herumspielen, keine Schonung für dich. Nur richtig geil Ficken.«

Stella fand, er fickte sie übermäßig hart. Dennoch hörte Vera nicht auf, den drei anderen Männern Lust zu verschaffen. Ihre Hände waren geübt – und welche Wohltat sie spendeten, zeigte sich am zufriedenen Grunzen der Männer. Am heftigsten keuchte der Mann, den sie mit ihrem Mund verwöhnte.

»Mein Gott, Richard, du schiebst sie mit jedem Stoß noch mehr auf meinen Schwanz«, ächzte er.

»Dann stoß sie mir zurück auf meinen Schwanz, damit ich tiefer in sie eindringen kann«, antwortete Richard mit rauer Stimme.

Stella war fasziniert von der Möglichkeit, auf diese Weise benutzt zu werden. Diese Männer gewährten der Frau, die sie zusammen durchnahmen, keine Pause. Ein leichtes Würgen zeigte an, dass Vera nun doch mit dem Schwanz in ihrem Mund gefordert war.

»Lasst uns beginnen«, verlangte Richard. Hatte er es bemerkt?

Die Männer traten zurück. Auch Richard zog seinen prallen Schwanz aus ihrer Scheide. Dieser war nass und glänzte im dezenten Licht des Raumes. Dann legte er sich rücklings auf das Bett, ließ jedoch die Beine auf dem Boden stehen. Er spreizte sie und gewährte einem seiner Freunde, sich dazwischen aufzustellen.

»Vera, setz dich mit dem Rücken zu mir auf meinen Schwanz. Ich will es genau sehen, wie sich dein Loch dehnt, wenn du dir meinen Schwanz in deinen Arsch schiebst. Ich werde dich dabei nicht unterstützen«, sagte Richard.

»Das Öl«, sagte Vera leise.

»Trag es auf, wenn du es willst, dass ich es verwende. Mir reicht dein Mösensaft.«

Vera nahm das Fläschchen und goss Öl über Richards Schwanz. Dann schob sie sich über Richard und drückte seinen Liebespfahl in ihr Poloch. Langsam schob sie sich auf ihn und als sie ihn ganz aufgenommen hatte, packte er sie von hinten und zog sie auf sich.

»Stell deine Beine neben mein Becken. So ist es gut. Jetzt können meine Freunde dein nasses Loch sehen. Sam hat den längsten Schwanz und er wird dich als Nächster aufspießen«, flüsterte er. Sam, der bereits darauf wartete, seinen Luststab in ihrer Möse zu versenken, tat es augenblicklich.

Richard stöhnte auf. »Verdammt, nicht so schnell. Du hast keine Ahnung, was du mir antust«, knurrte er.

»Es fühlt sich perfekt an«, antwortete Sam leise.

Einer der Männer, welche sie mit der Hand befriedigt hatte, hockte sich vor Sam über ihre Scham und drückte seinen Schwanz in dem Moment in ihre Möse, als Sam sich nach seinem Rückzug wieder nach vorn bewegte. Zusammen schoben sie sich in ihre Lustgrotte. Alle drei Männer röhrten auf. »Geil, geil, geil, geil!« Sam warf den Kopf in den Nacken und kämpfte darum, sich zu beherrschen. »Das halte ich nicht lange durch«, murmelte er.

»Lege dich jetzt auf mich, Vera. So ist es wunderbar.« Richard umfasst sie unter den Achseln und hielt sie fest.

Der Mann, den sie mit ihrem Mund befriedigt hatte, setzte sich auf ihren Brustkorb und drückte ihre Brüste um seinen Schwanz zusammen. »Ich werde dir mit meinem Schwanzsaft dein Gesicht versauen, du verdammt verfickte Hure«, knurrte er.

Vera wimmerte.

»Tut er ihr weh?«, flüsterte Stella Molly zu.

»Ja«, gab sie zu. »Aber Vera steht darauf. Sie lässt sich von Richard jede Woche den Hintern versohlen. Der Schmerz in ihren Brüsten macht sie nur noch williger. Gregor ist ein Tier. Wenn er zupackt, dann spürt man das.« Molly zwinkerte Stella zu.

Der, der sie geleckt hatte, kniete sich neben Veras Kopf.

»Ich habe dich eben meisterhaft geleckt. Jetzt fordere ich Revanche.« Er lachte.

Vera warf den Kopf in den Nacken und öffnete den Mund. Der Schwanz des Mannes verschwand ganz in ihrem Mund.

»Wow«, flüsterte Stella. »Wie schafft sie das?«

»Denk immer dran, den Schwanz des Mannes zu schlucken. Atme durch die Nase und unterdrücke den Würgereiz, so gut du es kannst. Aber ein bisschen zu würgen, streichelt die Schwänze an der Spitze und den Männern gefällt es.«

Stella nickte. Sie hatte mit der Gurke geübt. Jedoch war sie noch meilenweit von Veras Können entfernt.

»Fickt sie durch, wie ihr es noch nie einer Frau gegeben habt. Haltet euch nicht zurück«, gab Richard seinen Freunden nun die Anweisung.

Und genau das taten diese Männer auch. Alle rammten sich in Veras Öffnungen. Die Heftigkeit der Stöße grenzte fast an Brutalität. Eingeklemmt zwischen den Leibern der Männer, konnte Vera nur geschehen lassen, was die Männer taten. Als Erstes kam der Mann in ihrem Mund zum Höhepunkt. Seine Hände gruben sich in ihre Haare und hielten sie fest, während er sich grob in sie trieb. Sam und der andere Mann in ihrer Möse kamen zusammen zum Höhepunkt. Sie schrien dabei ihre Lust aus sich heraus. Richard, der von unten in Veras Po hämmerte, atmete immer heftiger. Mit zusammengebissenen Lippen pflügte er sie mit seinem Schaft. Vera stöhnte lustvoll, als sich der Mann zwischen ihren Brüsten sich entleerte. Er hob seinen Schwanz an und ließ seinen Samen auf ihr Gesicht regnen.

»Das schaut so geil aus«, flüsterte Stella.

»Ist es auch«, bestätigte Molly flüsternd.

Alle Männer ließen von Vera ab, nur Richard war noch in ihr. Er umfasste ihr Becken mit beiden Armen von hinten und hielt sie fest. Mit harten Stößen trieb er sich nun in sie. Dabei hielt er sie so fest, dass sie keinem seiner Stöße auch nur ein bisschen ausweichen konnte.

»Öffne deine Schenkel«, verlangte er leise.

Sie tat es wimmernd und ließ das Ejakulat der beiden Männer, die in ihrer Möse abgespritzt hatten, aus sich herausfließen.

Richard versteifte sich und Vera schrie kurz auf. Ihre Scheide zuckte, genau wie sein Schwanz. Vera und Richard blieben einen kurzen Moment mit geschlossenen Augen liegen.

»Ihr könnt euch anziehen. Ich komme gleich nach«, sagte Richard zu seinen Freunden.

Tatsächlich kleideten sie sich an und verließen das Zimmer.

»Vera, ich hasse es, wenn du so beherrscht bist«, knurrte Richard und hob sie von sich. Sie senkte den Blick und schwieg.

»Ich werde mit Lilly sprechen. Wir beide werden die heutige Nacht nutzen. Ich will dich vor Lust schreien hören, Mädchen.« Richards Stimme klang fast zärtlich.

»Ich habe doch...«, begann Vera.

»Viel zu wenig. Ich möchte, dass du brüllst vor Lust. Das werden wir heute Abend zusammen üben, schöne Vera. Das nächste Mal, wenn ich dich ficke, werden alle in diesem Haus es hören.«

***

Stella war aufgeregt. Ihr Polterabend hatte begonnen. Angespannt wartete sie in ihrem Zimmer. Es war Silvia, die sie abholte.

»Wir werden dich alle unterstützen«, versprach sie.

»Was muss ich denn machen?«, fragte Stella. »Werde ich ... wird mich ein Mann heute ...?« Stella konnte es nicht aussprechen.

»Du wirst heute defloriert. Der Mann, der dich für diese Nacht gekauft hat, ist sehr reich. Es ist eine Ehre, Stella. Er ist uns wohlgesonnen und ihm dein Hymen zu schenken, wird ihn erfreuen und ihn positiv uns gegenüber stimmen. Sei also freundlich, lächle und hüte dich davor, zu weinen. Tränen mag er nicht.«

Stella blieb stehen. »Wird es wehtun?«, fragte sie ängstlich.

»Ein bisschen«, gab Silvia zu. »Aber so weit sind wir noch nicht. Der Polterabend beginnt damit, dass du dich für ihn entkleidest. Danach gehst du zu ihm und kniest dich vor ihn. Bitte ihn, der Mann deines Polterabends zu sein, und frage ihn, wie du ihn erfreuen kannst. Jetzt sind alle deine Fähigkeiten gefragt. Gehorche in allem, was er von dir möchte.«

Stella nickte.

Silvia betrat mit Stella zusammen den Gemeinschaftsraum. Molly erwartete sie an der Tür und schlang ein schwarzes Seidentuch um Stellas Augen.

»Fühle alles, was nun geschieht«, flüsterte sie ihr zu.

Dann stand sie allein vor allen. Aber wo war der Mann, der sie für diese Nacht gekauft hatte?

»Zieh dich aus für mich«, hörte sie eine männliche Stimme neben sich. Stellas Körper überzog sich mit Gänsehaut und ein Schaudern durchfuhr sie. Langsam gehorchte sie. Sie öffnete ihr Kleid am Rücken, ließ es auf den Boden gleiten und stieg heraus. Unter dem Kleid war sie nackt.

Schritte. Obwohl sie auf einem Teppich stand, nahm sie wahr, dass sie umrundet wurde.

»Bist du nass?«, fragte er sie.

»Ein bisschen, Herr«, antwortete Stella.

Finger berührten ihre rasierte Scham und zwängten sich an ihr Löchlein. Automatisch öffnete sie ihre Schenkel so weit, dass die Finger ihr Löchlein berühren konnten. Noch nie hatte sie nackt vor einem Mann gestanden. Noch nie hatte ein Mann sie an dieser Stelle berührt. Ob sie ihm gefiel? Sie legte den Kopf in den Nacken und gab sich dem Gefühl seiner Berührung hin.

»So nass, so bereit. Und doch voller Angst.« Der Mann hatte seinen Mund an ihr Ohr gebracht. Seine Finger verließen ihre Scheide und ihr Innerstes rebellierte. Enttäuscht stöhnte sie auf.

»Rieche dich«, verlangte der Mann und sie gehorchte, als sei es das Natürlichste auf der Welt. Sie schnupperte und roch ihren Duft. Auch der Mann schnupperte.

»Dein Saft riecht blumig«, stellte er fest. Dann hörte sie ein schmatzendes Geräusch, als er seine Finger ableckte. »Und du schmeckst nach einer verbotenen Frucht. Geheimnisvoll, vollmundig, kräftig, fruchtig und süß.«

Stella zitterte.

»Du wirst von deinen Freundinnen auf einen Tisch gelegt werden. Ich ziehe einen Tisch dem Bett vor«, informierte er sie. »Ich erwarte, dass du dich mir öffnest und mich gewähren lässt.«

Stella nickte. »Ja, Herr. Aber wie kann ich Sie erfreuen?«

»Gehorche. Damit erfreust du mich.«

Wieder nickte Stella.

Molly nahm ihren Arm. »Komm«, flüsterte sie. Stella ging mit ihr. Sie fühlte den Tisch an ihrem Körper und legte sich mit Mollys Hilfe darauf.

»Caroline, leck ihre Brüste«, befahl der Mann.

»Ja, Herr«, antwortete das Mädchen und trat an Stella heran, um den Befehl auszuführen.

»Stella, ich erwarte, dass du es ruhig geschehen lässt«, verlangte der Mann.

Stella bemühte sich mit aller Kraft, sie konnte jedoch weder ruhig liegen, noch leise sein. Viel zu schnell wimmerte sie vor Lust. Sie öffnete ihre Schenkel und gab so den Blick auf ihre triefend nasse Lustgrotte frei.

»Silvia, küss sie, bis ihr die Luft ausgeht.« Der Mann lachte, als Stella aufstöhnte.

Silvias Küsse waren Stella bekannt. Stella und Silvia führten ein – auch für die zusehenden Personen – aufregendes Zungenduell aus. Ein berauschendes Schauspiel. Caroline hörte indes nicht auf, Stellas Brüste zu stimulieren. Stella fühlte, dass Finger in sie eindrangen und sich hin und her bewegten. Als die Finger ihre Scheide verließen, jammerte sie.

»Öffne deinen geilen Mund«, sagte der Mann plötzlich neben ihr. Silvia zog sich zurück und machte Platz für die Finger des Mannes. Er schob sie tief in Stellas Mund und fickte sie damit. Seine langen Finger drangen tief in sie und sie saugte daran und streichelte sie mit ihrer Zunge.

»Du hast viel gelernt«, stellte er fest.

Mit einem Handzeichen gebot er Caroline, sich zurückzuziehen. Sie tat es, hielt jedoch die rechte Brust Stellas mit beiden Händen gepackt und bot sie dem Mann an. Zärtlich streichelte er ihre harten Nippel, die sich ihm dadurch noch mehr entgegendrückten.

»Du solltest deine Brüste sehen. Sie sind gerötet und geschwollen. So gefallen sie mir. Ah ja, die gute Caroline hat ein bisschen gebissen. So schön.« Mit einem Handzeichen gebot er Caroline, sich zu entfernen, dann packte er ihre Brüste und drückte sie fest zusammen. »Perfekt.«

Und dann war auch er weg. Es gab keine Berührung mehr. Sie war allein! Aber sie wollte nicht allein sein. Sie wollte berührt werden. Sie wollte mehr, als dass er ihren Körper berührte. Stella wurde bewusst, dass ihr Körper die Regie übernahm. Ihr Körper wollte von diesem Mann benutzt werden. Ihr sehnsuchtsvolles Stöhnen erfüllte den Raum. Es war nun so still um sie herum, dass ihre keuchenden Atemzüge wie Donnergrollen durch den Raum schossen.

Sie hörte ihn nicht, aber sie fühlte ihn. Er war hier! Alle waren hier und sahen auf sie. Aber nur er war wichtig. Er, und das, was er mit ihr tun würde. Ihre Scheide zuckte verräterisch. Stella fühlte den Blick des Mannes, der sie betrachtete. Unruhig bewegte sie ihre Hüften.

Bevor seine Lippen ihre Schamlippen berührten, fühlte sie seinen Atem. Seine Finger und sein Mund nahmen sie in Besitz.

Stella fiel fast vom Tisch. Nichts, was sie bis jetzt erlebt hatte, glich dieser Berührung. Es war eine Unterwerfung, obwohl sie vorerst nur mit dem Mund des Mannes geschah. Hungrig, gierig. Wild und bedingungslos.

Und dann drückte er einen dritten Finger in sie und schob seine Finger tief in sie hinein. Seine Lippen saugten sich an ihrer Klitoris fest und brachten Stella dazu, vor Lust aufzuschluchzen. Der Biss, den er ihrer Klitoris zufügte, erfolgte im gleichen Moment, in dem er seinen vierten Finger in sie schob und seine Finger spreizte. Das Reißen ihres Häutchens war schmerzhaft und doch reagierte Stella mit einem Orgasmus. Ihr heiserer Schrei war in seinen Ohren köstlicher als alle Schreie, die er bis jetzt Frauen abgerungen hatte. Sie war so echt.

Sein Lachen vibrierte an ihrer Klitoris und stachelte ihre Lust erneut an.

»So willig und so geil«, stellte er fest. Und dann fickte er sie mit seinen Fingern noch einmal zum Höhepunkt. Ihre Nässe schmatzte an seinen Fingern und seine Zunge trank ihren köstlichen Saft.

»Dein helles Blut ziert meine Finger, Stella«, sagte er mit heiserer Stimme.

Molly reichte ihm unaufgefordert ein Tuch, als er die Finger aus Stellas Scheide zog und sie säuberte. »Dieses Tuch gehört mir«, stellte er klar. Er faltete das Tuch zusammen, hob es an seine Nase und roch daran. Lächelnd steckte er es ein. »Es gehört mir ebenso, wie …«

Stella horchte auf, er sagte jedoch nichts mehr.

»Wenn du es so willst, soll es so sein, Georg«, sagte Lilly, die nun nahe am Tisch stand.

»Hat Swanakovsky noch einen Anspruch auf sie?«, fragte er.

»Nein, der ist auf uns übergegangen, als wir … du weißt, im Wald. Aber er hat sie ihrem Vormund abgekauft«, sagte Lilly leise.

»Ich verstehe«, sagte Georg. »Ich werde das regeln.«

Stella begann plötzlich am ganzen Körper zu zittern. Swanakovsky. Gekauft. Wie ein Stück Vieh. Was war zu regeln? Würde er ihrer Schwester schaden?

»Ruhig, Stella. Du hast es gut gemacht.« Der Mann streichelte über ihren Bauch.

»Nehmt ihr die Augenbinde ab. Sie soll ihren Herrn kennenlernen«, verlangte er.

Stella setzte sich auf und wartete, bis das Tuch abgenommen wurde.

Sie fühlte, wie er ihre Hände in seine nahm.

»Öffne die Augen«, befahl er.

Sie tat es langsam und zuckte zurück, als sie in das Gesicht des Mannes schaute, der ihren Körper für den Polterabend gekauft hatte. War tatsächlich er es gewesen, der ihr eben ihre Jungfräulichkeit genommen hatte?

»Kein schöner Anblick, ich weiß«, sagte er leise. »Der Krieg hat mich entstellt. Ich verlor mein linkes Auge, daher die Augenklappe, Stella. Meine Narbe zeugt davon, dass ich in einem Zweikampf fast das Leben verloren habe. Ich verdecke sie nicht. Sie erschreckt die Menschen, die mich zum ersten Mal sehen. Sie haben es dir also nicht gesagt, wer dich beanspruchen wird?«

Langsam schüttelte Stella den Kopf.

»Das macht nichts. Es ermöglichte dir deine ehrliche Hingabe, die mir gefallen hat. Ich habe entschieden, mich noch länger an deinem Körper zu erfreuen. Also wirst du heute Nacht in mein Haus gebracht. Dort kann ich deine Schönheit gebührend würdigen.«

»Aber …« Stella sah zu Lilly, die kaum merklich den Kopf schüttelte.

»Wann werde ich zurückkommen?«, fragte Stella.

»In der nächsten Zeit gar nicht, Stella. Ich habe dich für einen längeren Zeitraum gemietet. Du gehörst jetzt für diese Zeit mir und ich werde deinen Körper genießen«, sagte der Mann ungerührt. Er sagte ihr noch nicht, dass er sie nie mehr zurückbringen würde. Das wusste nur Lilly. Er hatte ihr unanständig viel Geld für diese kleine Hure gegeben.

Stella fühlte Panik aufsteigen. »Sie können mich nicht kaufen«, warf sie ihm entgegen. »Ich bin kein Tier.«

»Nein, Stella, ich muss dich enttäuschen. Du bist eine Nutte. Und die werden gemietet und gekauft. Ich kaufe dich nicht nur für ein paar Stunden, sondern für mehrere Tage.«

Für immer, fügte er im Gedanken hinzu. Er würde es ihr schonend beibringen.

Als er sich abwandte und zur Tür ging, sah sie, dass er auf einen Stock gestützt hinkte. Stella glitt vom Tisch, nachdem er den Raum verlassen hatte. Lilly folgte ihm sofort.

»Du Glückspilz«, flüsterte ihr Molly zu.

»Wieso glaubst du das?«, fragte Stella leise.

»Er ist impotent und wird dich lediglich mit seinen Fingern benutzen.« Molly zwinkerte ihrer Freundin zu. »Es sah verrucht aus, wie er dich genommen hat, Stella.«

»Molly, ich will nicht mit ihm gehen«, flüsterte Stella.

»Stella, habe keine Angst. Er ist streng, aber niemals ungerecht. Und er will dich.«

»Wie kann ich ihm zu Willen sein, wenn er impotent ist? Woher willst du das wissen?« Stella schüttelte den Kopf.

»Er ist fast jeden Tag hier und beobachtet uns, wenn wir unsere Kunden bedienen. Ab und zu wählt er sich eine von uns aus und bespielt sie. Sein Mund und seine Zunge können dich in höchste Lustsphären treiben. Seine Finger sind lang und es fühlt sich wunderbar an, von ihm von einem Orgasmus zum nächsten gebracht zu werden. Noch nie hat er eine von uns mit seinem Schwanz genommen. Weil er ihn nicht hochbringt. Er bekommt keine Erektion, verstehst du? Er wird dich verwöhnen, jedoch nicht ficken wie ein Mann. Du wirst ab jetzt sein Spielzeug sein und seine ganze Aufmerksamkeit haben – und du brauchst keine Angst davor haben, schwanger zu werden.«

»Molly, aber ich bin so … Ich will spüren, wie ein Mann sich in mir anfühlt.«

»Vielleicht lässt er dich ja von seinen Freunden ficken und sieht zu? Er ist sehr fantasiereich, wenn er mit einer Frau zusammen ist.« Molly bückte sich, um das Kleid, das Stella abgestreift hatte, aufzuheben.

»Es ist ja nicht für immer, Stella. Er mietet dich für einige Zeit. Wenn du zurückkommst, lassen wir die Männer auf dich los«. sagte Molly kichernd.

Stella ließ es zu, dass ihr das Kleid übergestreift wurde. Wer schloss es? Ihre Füße wurden in Schuhe gesteckt. Die Mädchen um sie herum gackerten aufgeregt und unterstützten Stella dabei, sich für die Abreise fertigzumachen. Silvia hob noch einmal Stellas Kleid an.

»Beine auseinander«, befahl sie und Stella gehorchte, ohne nachzudenken.

»Natalie, spreiz ihre Pobacken«, sagte Silvia und gab einem Mädchen, das hinter Stella stand, etwas in die Hand. »Valerie, setz ihn ein.«

Einen Augenblick später wurde Stellas Poloch mit einem Plug penetriert, der sie weiter dehnte, als je ein Plug zuvor. Stella stöhnte auf.

»Ein geschliffener Edelstein verziert den Griff dieses Stücks, das jetzt in dir steckt.« Silvia lächelte. »Es wird ihm gefallen.« Dann hob sie ihre Hand. Vier metallisch glänzende Kugeln hingen an einem Band und schaukelten vor Stellas Augen. »Bis jetzt habe ich das nicht mit dir gemacht, Stella. Aber dein Häutchen ist durchbrochen. Es wird Zeit, dein Loch zu füllen. Sein Schwanz kann es nicht tun, also werden wir mit ein paar Kugeln beginnen.«

Silvia kniete sich vor Stella und leckte mehrmals über ihre geschwollene Klitoris. Stella keuchte auf und zitterte, als Silvia die Kugeln hintereinander in ihre Enge drückte.

»Wenn ich höre, dass du sie verloren hast, Stella, dann werde ich dir beim nächsten Mal, wenn wir einander treffen, nicht nur deinen geilen Arsch versohlen, sondern auch deinen Rücken. Das ist ein Versprechen.« Lächelnd stand sie auf und richtete Stellas Kleid. Silvias Lippen glänzten von Stellas Saft. Hatte sie auch ihre Spalte geleckt? Oder war ihr Saft überall verteilt?

Ein Schultertuch wurde um sie gelegt.

»Komm jetzt. Er wartet.« Stella ließ sich von den Mädchen zur Tür drängen. Sie brachten sie vor das Haus zu einer Kutsche, vor die vier Rappen gespannt waren.

»Steig ein, Stella.« Er stand plötzlich neben ihr. Stella sah ihm in sein Auge. »Worauf wartest du?« Er klang verärgert und sie beeilte sich, in die Kutsche zu steigen. Dabei spannte sie die Muskeln ihres Scheideneingangs an, um die Kugeln nicht zu verlieren.

Stella hatte das Gefühl, sie erlebte eben noch einmal, wie sie vom Hof ihres Onkels weggebracht worden war. Die Kutsche setzte sich schaukelnd in Bewegung. Wieder wurde sie einfach gepackt und weggebracht.

»Meine persönlichen Sachen …«, begann sie und sah zu dem Mann, der bei ihr in der Kutsche saß. Er wirkte, als sei ihm diese große Kutsche zu klein, so groß war er selbst.

»Sind längst eingepackt und werden mitgenommen«, unterbrach er sie.

»Ich habe mich nicht verabschiedet«, stellte sie fest.

»Das ist nicht nötig.«

»Aber … Sie haben mich nicht gefragt.« In ihren Augen glänzten verdächtig ein paar Tränen. Erst als er sie ihr von ihren Wangen strich, merkte sie, dass sie tonlos weinte.

»Nutten werden nicht gefragt«, sagte er leise.

»Aber ich bin keine Nutte«, entgegnete sie.

»Du hast eine einschlägige Ausbildung erhalten oder etwa nicht?« Er hob eine Augenbraue.

»Doch. Aber …«, verteidigte sie sich.

»Ich beobachte dich, seit du in dieses Haus gekommen bist. Das Mädchen vom Land. Unschuldig. In dem Moment, in dem Swanakovsky dich hereintragen ließ, stand ich in der Nähe des Einganges. Dein Gesicht war blass. Er hatte dich betäubt. Am liebsten hätte ich dich damals schon an mich genommen. Jedoch schätze ich eine gute Ausbildung über alles. Nie könnte ich das in der Weise durchführen, wie Lilly es tat, ohne dass du Schaden nimmst. Also musste ich mich gedulden. Es brauchte nicht viel Überzeugungskraft und Lilly war damit einverstanden, dich für mich vorzubereiten. Du gehörtest vom ersten Tag an mir, Stella. Ich bestimmte, wie lange du das Stubenmädchen warst. Der Beginn deiner Ausbildung wurde von mir festgelegt. Jede Nacht beobachtete ich dich. Deinen Schlaf, deine sündigen Spiele mit den Mädchen. Molly ist nie leise, wenn sie gefickt wird. Also musstest du sie belauschen. Es hat dich angemacht.«

Er lachte, als erinnere er sich an etwas ganz besonders Schönes.

»Und Silvia, sie erkannte sofort deine wahre Leidenschaft. Als sie dir zum ersten Mal dein Hinterteil versohlte, stand ich in der Geheimtür und beobachtete jede deiner Reaktionen. Deine gespreizten Schenkel offenbarten deine Nässe. Du hast es genossen und nie warst du schöner als in diesem Moment. Die lustvolle Hure, die nichts vorspielt, sondern ihre Leidenschaft auslebt. Eben deshalb begehre ich dich. Du hast es nicht nötig, einem Mann etwas vorzuspielen.«

»Sie haben mich gesehen?«, fragte Stella.

»Oh ja. Jede Stelle deines Körpers. Du bist schöner als alle Mädchen, die bisher hierhergebracht worden sind. Deine Neigung, dich deiner Lust hinzugeben, macht dich zu einer besonderen Hure, Stella. Darum musste ich dich haben.«

Er griff nach ihr und öffnete ihr Schultertuch. Sanft zog er den Ausschnitt ihres Kleides nach unten und legte ihre Brüste frei. Ihre Nippel stellten sich sofort auf und luden ihn ein, sie zu berühren. Er tat es nicht, sondern lehnte sich zurück.

»Schweig still, Stella. Ich will dich einfach nur betrachten. Jedes Wort ist überflüssig.«

Stella schwieg. Sein Blick tastete jede Stelle ihres Körpers ab.

Das Schaukeln der Kutsche machte Stella schließlich schläfrig und ließ sie in einen unruhigen Schlaf gleiten.

***

»Aussteigen, meine Schöne. Wir sind da.« Die tiefe Männerstimme ließ Stella erschaudern. Sie klang angenehm. Sie öffnete die Augen und sah in das Gesicht des Mannes mit der Augenklappe über dem verletzten Auge.

Stella stellte fest, dass ihre Brüste nicht mehr entblößt waren. Sie zog das Schultertuch fest um sich.

»Du hattest einen angenehmen Schlaf?« Er zog die Augenbraue des gesunden Auges in die Höhe.

»Mein Herr, es tut mir leid.« Stella senkte den Kopf.

»Bei jedem Rumpeln hast du lustvoll gestöhnt. Du bist geil, Stella. Das gefällt mir.« Er grinste.

Die Kutschentür wurde geöffnet und er stieg aus. Sie nahm seine Hand und ließ sich von ihm beim Aussteigen helfen. Doch er ließ sie nicht los, sondern zog sie an sich heran und umschloss sie mit seinen Armen. Seine Hände wanderten über ihren Rücken zu ihren Hüften und tiefer. Er fuhr die Rundung ihres Hinterns entlang und grinste anzüglich, als er den Plug spürte.

»Du bist die erste Nutte, die ich hierher bringe«, sagte er an ihrem Ohr. »Enttäusch mich nicht«, fügte er hinzu.

Sie biss sich auf die Unterlippe. Was erwartete er von ihr?

Er wartete keine Antwort von ihr ab, sondern zog sie mit sich. Es fiel ihr auf, wie schwer er hinkte. Der Stock in seiner rechten Hand ermöglichte es ihm, zu gehen. Mit der Linken hielt er sie fest.

Das Haus, das er betrat, war von einem großen Garten umgeben. Sie hörte, dass die Kutsche wegfuhr. Die Tür wurde geöffnet und ein Butler verbeugte sich.

»Wir haben Sie erwartet, mein Herr, wir haben jedoch nicht damit gerechnet, dass Sie Besuch mitbringen werden. Soeben wird ein Gedeck mehr aufgelegt. Der Salon ist bereit.«

»Bist du hungrig?«, fragte er Stella.

Sie schüttelte den Kopf. Sie war viel zu aufgeregt, um hungrig zu sein.

»Wir werden später essen«, sagte er zum Butler und ging weiter zu einer Treppe. Sie folgte ihm schweigend, als er sie mit sich nach oben zog und einen Gang entlangging. Das Haus war riesig. Stella schaute aus den Fenstern, die sie passierte. Der Garten war umgeben von einer hohen Mauer und dahinter erstreckte sich … Wald. Sie war mitten im Wald.

Er öffnete eine Tür und schob sie hinein. Ein Schlafzimmer, stellte sie fest.

»Ich gebe dir zehn Minuten zum Entkleiden und zum Reinigen. Erwarte mich nackt auf dem Bett«, befahl er.

»Mein Herr«, begann Stella und zuckte zusammen, als sein Blick sie traf. Gier und Verlangen standen darin. Er wollte sie.

»Nenne mich Georg, Stella. Und gehorche.«

Stella knickste, wie sie es bei Molly gesehen hatte, wenn einer der Kunden ihr etwas befahl.

Sie öffnete die Knöpfe ihres Kleides und ließ es von ihrem Körper gleiten. Dabei sah sie über den Rücken zu ihrem Besitzer, der noch immer in der offenen Tür stand und sie anstarrte. Langsam ging sie zu der Waschschüssel und dem Wasserkrug, goss Wasser in die Schüssel und tauchte den Schwamm, der daneben lag, ein. Sie seifte ihn langsam ein und fuhr sich damit über ihre Brüste, über ihren Bauch und über ihre nasse Mitte. Die Kälte des Wassers ließ ihre Nippel hart werden und bewirkte, dass Gänsehaut ihren Körper bedeckte. Besonderes Augenmerk legte sie auf die Säuberung ihrer Scham. Dabei brachte sie das Bändchen, an dem die Kugeln, die sie in ihrer Scheide trug, befestigt waren, gekonnt in den Sichtbereich.

Georg schlug die Tür zu und kam langsam zu ihr.

»Ich brauche keine zehn Minuten, Georg«, sagte sie leise. »Sie können mich immer benutzen. Jederzeit. Wann immer Sie wollen.« Sie glaubte, dass es das war, was er hören wollte. Und sie wollte ihm das sein, was er begehrte.

Seine Nasenflügel bebten, als er ihren Duft einsog.

Langsam hob er seine Hand und streichelte über ihre Wange. »So gehorsam und so unbeschreiblich schön. Stella, du treibst mich in den Wahnsinn, so sehr begehre ich dich.«

Stella bewegte ihren Kopf ein wenig und küsste seine Finger. Es waren die Finger, mit denen er sie defloriert hatte. Ihre Zunge leckte über die Spitzen, bevor sie ihre vollen Lippen über Zeige- und Mittelfinger stülpte und sie in ihren Mund einsog. Dabei streichelte ihre Zunge über die Unterseite der Finger.

»Was haben sie dir über mich erzählt, Stella?«, fragte er mit rauer Stimme.

Sie ließ seine Finger nicht aus ihrem Mund, damit sie nicht zu antworten brauchte, und vergaß, daran zu saugen.

Er grinste sie an. »Haben sie dir gesagt, dass ich ein Invalide bin?«

Ihr Nicken war kaum wahrnehmbar.

»Und sie haben dir auch gesagt, dass mein Schwanz versagt, wenn ich bei einer Frau liege?«

Wieder nickte sie.

»Oh Stella, du bist so wunderschön«, stöhnte er.

»Was haben sie dir noch alles über mich erzählt?«, fragte er und zog seine Finger zurück.

Sie schwieg.

»Sag es mir«, verlangte er.

»Sie sagten, dass … Sie sehr geschickt mit den Fingern sind, mein Herr. Und mit dem Mund.«

Er lachte. »Ah. Und du hast ihnen geglaubt?«

Wieder nickte sie. »Ich erhielt bereits eine Kostprobe.«

Er drängte sie zum Bett und schob sie darauf. »Sie alle kennen nur das, was ich ihnen gezeigt habe. Keins von diesen Mädchen hat mich gesehen, wie ich bin, Stella.«

»Wieso nennen Sie mich eine Hure, und bei den anderen reden sie von Mädchen?«, fragte sie leise.

»Ich will eine Hure haben, die mir gehört und mit der ich alles machen kann, was mir gefällt. Die anderen gehören mir nicht, Stella.«

»Ich würde lieber Ihr Mädchen sein«, antwortete sie.

»So, willst du das?«

Sie sah ihn an und schwieg.

Langsam begann er, sich zu entkleiden. Als er nackt neben dem Bett stand, auf das er sie gedrängt hatte, erkannte sie, dass die Mädchen im Bordell keine Ahnung davon hatten, wer Georg war. Sein Schwanz stand hart von ihm ab und erreichte fast den Bauchnabel. Er mochte im Kampf eine Verletzung im Gesicht davongetragen haben, der Anblick dieses prallen Geschlechts passte jedoch definitiv nicht zu der Eigenschaft Impotenz. Und hier in diesem Zimmer hinkte er auch weniger, wurde ihr bewusst.

»Es ist Zeit, dass du Bekanntschaft mit meiner Lust machst, Stella. Wie überaus umsichtig, dass du dich mit den Liebeskugeln vorbereitet hast.« Er lachte über ihren Gesichtsausdruck.

»Ich verstehe deine Verwunderung. Ich bin sicher, du hast noch nie einen Männerschwanz wie diesen gesehen. Er wird der Einzige sein, der deine Löcher penetriert. Dafür habe ich gesorgt. Knie dich vor mich und lege deine Wange vor dir auf das Bett.«

Stella tat es und spürte, dass er sich hinter sie kniete. Sie erinnerte sich daran, wie aufregend es ausgesehen hat, wenn sich Molly auf diese Weise ihren Freiern angeboten hat. War es in ihrem Fall ebenso? Sie griff nach hinten und spreizte ihre Backen, um ihn einzuladen, sie zu nehmen.

»Du bist umwerfend, Stella. Dieser Edelstein verziert dein Arschloch auf besondere Weise. Ich werde dir gönnen, ihn bei deiner ersten Penetration durch meinen Schwanz zu tragen.« Georg streichelte zärtlich den Eingang ihres nassen Loches.

Mit einem kräftigen Ruck zog er die Kugeln aus ihr heraus. Das schmatzende Geräusch, welches dabei entstand, ließ sie aufstöhnen. Mit einem Mal fühlte sie sich leer. Wimmernd drückte sie sich ihm entgegen.

»Ich sehe, du bist ja mehr als bereit für mich«, flüsterte er. Sein Schwanz bohrte sich in ihren Eingang.

»Wird es … funktionieren?«, fragte sie leise und sah ihn über ihre Schulter hinweg an.

Er antwortete nicht, sondern knetete ihre Pobacken. Dreimal schlug er fest auf ihre rechte Backe und dann stieß er zu. Mit unglaublicher Kraft drang er in sie ein und drückte sein Geschlecht in sie. Sie schaffte es, ihre Position zu halten. Ihr verräterisches Zucken ließ ihn auflachen.

»Ein Stoß und ein Orgasmus. Du bist doch tatsächlich die beste Hure, die ich jemals gehabt habe.«

Und dann bewegter er sich in ihr.

Stella war berauscht von dem Gefühl der Fülle in ihrer Lusthöhle und gefordert mit der Dehnung, die durch seinen Schwanz geschah. Seine Bewegungen rangen ihr unverständliche Laute ab.

»Gleich hast du mich ganz in dir«, kündigte er ihr an. Seine Stöße kamen hart und rasch und nun berührten bei jedem Stoß seine Hoden ihre Labien. Seine Finger krallten sich seitlich in ihre Hüften und zogen sie seinen Stößen entgegen. Sie unterstützte diese Bewegung und prallte gegen seine Lenden.

Als er sich ganz aus ihr zurückzog, schrie sie auf. »Nein! Bitte!« Und sie drückte sich ihm noch mehr entgegen.

Er warf sie um und rollte sie auf den Rücken. Keuchend lag sie vor ihm.

»Beine auseinander«, befahl er. Dabei stand er auf und stellte sich vor sie, neben das Bett. Er packte ihre Hüften und zog sie zum Bettrand.

Sie gehorchte und er belohnte sie damit, dass er seine Lippen auf ihre Scham heftete. Es gefiel ihm, wie sie sich ihm sofort entgegen wölbte. Schmatzend züngelte er sie und wanderte mit seinem Mund zur Klitoris, an der er sich festsaugte. Die Laute, die aus ihrer Kehle kamen, waren perfekt. Seine Finger drangen in ihre Grotte und bearbeiteten sie wild.

»Dein Saft tränkt mein Leinentuch«, stellte er lachend fest. Sie kam auf seinen Fingern und füllte seine Handfläche mit ihrem Saft.

»Die Mädchen im Bordell sind willig und sie geben vor, meine Zuwendungen zu genießen. Aber nicht jede von ihnen tut das wirklich. Sie haben sich nie verdient, von meinem Schwanz aufgespießt zu werden. Du bist echt und du willst es wirklich, dass dein Loch ordentlich gefüllt wird.«

Ihre Scheide presste sich um seine vier Finger.

»Willst du meinen Schwanz?«

Sie presste ihr Becken nach oben und seine Finger drangen noch weiter in ihr Loch.

»Sag es«, knurrte er und zog seine Finger zurück.

»Oh mein Gott, bitte«, wimmerte sie.

»Sag es!«

»Bitte, ich will Ihren Schwanz haben.«

»Wo willst du ihn spüren?«

»Ich will ihn in mir haben, bitte.«

Seine Hand schlug zu und traf ihre Klitoris. Ihr Schmerzlaut erfüllte den Raum.

»Wo?« Viermal noch prasselten Schläge auf ihren geschwollenen Knoten.

»Magst du meinen Schwanz in deiner engen Fotze?«

Sie wölbte sich ihm entgegen und nickte. Er sah, dass sie sich auf die Unterlippe biss. Sie war geil! Grob packte er ihre Schenkel und schob sie über seine Schultern. Seine Schwanzspitze passierte den Eingang ihres nassen Loches und verweilte dort.

Mit drehenden Bewegungen neckte er sie. Stella hob ihr Becken an, doch er hielt sich zurück. Lachte über ihre verzweifelten Versuche, ihn zur Penetration zu zwingen.

»Du musst dir meinen Schwanz verdienen, Stella.«

»Bitte!« Ihre Zunge benetzte ihre trockenen Lippen. »Bitte, ficken Sie mich, Georg. Ich will von diesem Schwanz aufgespießt werden.«

»Das ist ein Anfang.« Er nickte ihr zu und drang endlich in sie ein. Dieses Mal fickte er sie richtig. Er nahm keine Rücksicht darauf, dass sie keine Erfahrung mit einem Mann hatte. Seine Spitze berührte ihr empfindliches Inneres und ließ sie aufheulen - bei jedem verfickten Stoß, mit dem er seinen Schwanz in ihrer Grotte versenkte. Seine Hände umschlossen ihre Brüste und kneteten sie. Sie schrie vor Geilheit und es gefiel ihm gut, wie sie auf ihn reagierte.

Schweiß glänzte an ihren prallen Brüsten und er verrieb ihn mit seinen Händen auf ihrer Haut. Ihre Nippel waren hart wie Kiesel. Ohne seine Stöße zu unterbrechen, beugte er sich über sie. Seine Zunge umkreiste sie abwechselnd. Als er sich an einer Brust festsaugte, zog sich ihre Scheide verräterisch um sein Geschlecht zusammen. Es war jedoch sein Biss, der sie über die Klippe stieß. Ihr Schrei war köstlich.

Er spürte, dass sich seine Hoden zusammenzogen. Die Erlösung, die durch seinen Schwanz jagte, erfasste sein Becken, seine Wirbelsäule, seine Beine. Er schrie ebenfalls laut auf und stieß noch einmal hart in sie. Tief in sie gedrückt, markierte er ihr Inneres mit seinem Samen. Und Stellas Muskeln massierten ihn rhythmisch, als wollte sie ihn melken. Er rollte sich neben sie auf das Bett und konzentrierte sich darauf, wieder zu Atem zu kommen.

Sie hob ihren Blick zu ihm und schwieg. Grinsend sagte er: »Das war ein verdammt guter Anfang, Stella. Du hast dir meinen Schwanz verdient.«

***

Eine Woche lebte Stella nun schon in diesem Haus. Georg wich nicht von ihrer Seite. Die Nächte, die sie zusammen verbrachten, schliefen sie kaum. Sein scheinbar unstillbarer Hunger nach ihrem verlockenden Körper zwang ihr einen Orgasmus nach dem anderen ab. Stella fügte sich seinen Wünschen gern und genoss seine Ausdauer, die ihren Körper zwar forderte, gleichzeitig jedoch in einen Zustand permanenter Befriedigung versetzte.

Wenn Georg geschäftlichen Dingen nachging, blieb Stella in dem Zimmer, das sie gemeinsam benutzten, um ihrer Lust zu frönen. Sie ahnte, dass es nicht sein persönliches Zimmer war. Es war ein Schlafraum. Das überdimensionale Bett zeigte auf, wozu es gedacht war. Entweder, um Gästen einen Platz zum Schlafen zu geben, oder um eine Frau zu benutzen. Aber hatte Georg nicht gesagt, dass er bis jetzt noch nie eine Frau hierhergebracht hatte? War sie wirklich die erste Frau, die er zu seinem Vergnügen hier benutzte?

Stella wusste, dass er sie nur benutzte. Er betrachtete sie als sein Eigentum für eine gewisse Zeitspanne, die er bestimmte. Sie war sein Besitz, den er nach Herzenslust zur Stillung seiner Lust heranziehen konnte. Sie machte sich nichts vor. Dazu war sie schließlich im Bordell erzogen worden. Er hatte sie lediglich in sein Haus gebracht, um sich den Weg ins Bordell zu sparen. Aber wie lange würde es dauern, bis seine Lust erlosch? Wann würde er sie zu Lilly zurückbringen?

So kam es, dass Stella ein sorgenvolles Bild von ihrer Zukunft bekam.

Eines Tages suchte Georg sie in ihrem Zimmer auf. Stella erhob sich von ihrem Sitzplatz am Fenster und kam ihm entgegen.

»Komm mit mir, Stella.« Wie immer behandelte er sie respektvoll, obwohl er in ihr die Hure sah, die sie für ihn war. Er war dennoch gut zu ihr.

Sie nahm die Hand, die er ihr entgegengestreckt hatte, und ließ sich von ihm führen. Er brachte sie nach unten, in den Salon, wo ein Mann wartete.

Fragend sah sie zu Georg.

»Samuel ist Maler. Ich wünsche, dass er dich porträtiert«, erklärte Georg.

Erst, als sie ausatmete, merkte Stella, dass sie die Luft angehalten hatte.

Sie nickte Samuel zu.

»Sie ist tatsächlich wunderschön, Georg«, sagte dieser.

Stella errötete und setzte sich auf den Sessel, den sie zugewiesen bekam. Dann erstarrte sie und wagte es kaum, zu atmen, während Samuel hinter seiner Staffelei verschwand und zu malen begann. Stella verlor das Gefühl für Zeit.

»Das reicht für heute«, sagte Georg plötzlich.

Er war die ganze Zeit im Salon gewesen und hatte in einer Zeitung gelesen. Samuel nickte.

»Wenn das Modellsitzen zu anstrengend ist, können wir auch Fotos anfertigen, von denen ich dann das Porträt male«, schlug er vor.

Georg ging zur Staffelei und betrachtete das Bild, das Samuel gemalt hatte.

»Es ist gut«, stelle er fest. »Stella, komm her.«

Stella erhob sich und ging langsam zu den beiden Männern.

Die Frau, die auf der Leinwand dargestellt war, sah tatsächlich aus, wie sie. Sie wirkte elegant auf diesem Bild – in diesem Kleid, das sie trug. In diesem Moment wurde ihr bewusst, mit wie vielen ausgewählten, schönen Sachen Georg sie verwöhnte.

»Ich kann es gern ohne Modell fertigstellen«, schlug Samuel vor.

Georg nickte. »Ich möchte das Bild nächste Woche haben.«

»Ich werde es am Montag liefern«, versprach Samuel.

»Gut. Bring dann auch den Fotoapparat mit. Ich wünsche noch mehr Bilder von Stella.«

Als Samuel gegangen war, wandte sich Stella an Georg. »Weshalb geben Sie so viel Geld für mich aus?«, fragte sie.

»Gefällt dir das Bild nicht?«, wollte er wissen.

»Es gefällt mir sehr gut. Aber es ist sicher unglaublich teuer.«

Er grinste sie an. »Ich kann es mir leisten, Stella.«

Sie benetzte ihre Lippen. »Soll es eine Erinnerung an eine lustvolle Zeit sein, wenn Sie mich zu Lilly zurückbringen?«

Georg wandte sich ihr zu und trat ganz nahe an sie heran. »Möchtest du denn zurück zu Lilly?«

»Nein.« Sie senkte den Blick. In Lillys Etablissement zurückzukehren würde bedeuten, dass sie zur »Arbeit« herangezogen würde - und sie konnte es sich in diesem Moment gar nicht vorstellen, anderen Männern auf die gleiche Weise zu Diensten zu sein, wie Georg.

Aber was hatte er dann mit ihr vor?

»Dann wirst du nicht in Lillys Etablissement zurückkehren. So einfach ist das, Stella.«

Er reichte ihr den Arm und ging mit ihr in das Speisezimmer. Der Tisch war gedeckt und Suppe dampfte aus einer Schüssel.

Sie aßen schweigend. Georg betrachtete Stella, nachdem sie das Mahl beendet hatten.

»Ich wünsche, dass du mir sagst, wovor du Angst hast, Stella.«

Stella zuckte zusammen.

Er sah, dass sie auf ihre Unterlippe biss, wie es ihre Angewohnheit war, wenn sie über etwas nachgrübelte oder wenn sie etwas belastete. Offensichtlich hatte sie keine Ahnung, welches Chaos diese Geste in ihm auslöste. Am liebsten würde er sie hier auf den Tisch drücken und …

»Was werden Sie machen, wenn Sie meiner überdrüssig sind? Ihr Hunger nach meinem Körper wird einmal gestillt sein, und was geschieht dann mit mir?«, fragte Stella leise. »Wohin werden Sie mich schicken?«

Zorn stieg in ihm auf. Hatte sie nichts erkannt? Nur mühsam gelang es ihm, sie nicht anzuschreien. Glaubte sie denn wirklich, er habe sie hierhergebracht, um sich eine schöne Zeit mit ihr zu machen und sie dann wegschicken?

»Geh in dein Zimmer und erwarte mich«, befahl er. Stella erhob sich und ging zur Tür.

»Und Stella«, begann er.

Sie wandte sich um und sah ihn an. Ihre Augen glitzerten verräterisch. Waren das Tränen, die sich im Licht spiegelten?

»Bereite dich gut auf meinen Besuch vor.«

Sie nickte und drehte sich um, um zu gehen. Fast wäre sie mit dem Butler zusammengestoßen, der eben den Raum betrat.

Röte überzog ihre Wangen. Hatte er Georgs Worte gehört? Aber war das nicht unbedeutend? Er wusste ja, was sie war.

Wenn Georg mit ihr das Bett teilte, waren weder er noch sie leise. Nein, es war unangebracht, sich zu schämen.

Stella eilte in ihr Zimmer. Sie setzte sich auf ihr Bett und sammelte ihre Gedanken.

Warum sie so nervös war, konnte sie erklären. Sie war noch nie so untätig gewesen. Sie befriedigte entweder Georgs Lust oder sie wartete auf ihn.

Nein, so ganz stimmte das auch nicht. Georg befriedigte auch ihre Lust. Ja, so war es richtig auf den Punkt gebracht. Aber sonst hatte sie hier keine Aufgaben. Diese Untätigkeit lastete ebenfalls auf ihr.

Als Georg das Zimmer betrat, war er nicht allein. Samuel begleitete ihn. Er trug seine Fotoausrüstung bei sich.

Stella stand nackt neben dem Bett. Georg sah sie fragend an. Hatte sie sich gerade hinlegen wollen? Oder war sie unschlüssig?

Es brauchte einen Augenblick, bevor Stella mit einem überraschten Aufschrei das Leinentuch an sich riss und sich damit bedeckte.

»Ah, meine Schöne, keine falsche Scham. Samuel …« Er unterbrach sich. Nein, er würde ihr nicht sagen, dass sein Freund wusste, dass er sie im Bordell gekauft hatte.

»Samuel ist mein Porträtist und mein Freund. Ich möchte, dass er dich nackt malt.«

Fragend sah Stella zu ihm. »Wirklich?«

»Aber ja. Ich habe vor, eine Serie von Bildern von dir und deinem begehrenswerten Körper in seiner Nacktheit anfertigen zu lassen. Dazu brauche ich dich, wie du verstehen wirst.«

Langsam kam er zu ihr, ganz so, als wolle er sie nicht erschrecken.

»Wir werden mehrere Fotos von dir anfertigen. Ich suche mir die schönsten davon aus und Samuel wird diese Bilder malen.«

Stella blickte zwischen den Männern hin und her, so als würde sie ihm nicht glauben.

»Es stimmt. Wir arbeiten zusammen«, bestätigte Samuel.

»Was soll ich tun?«, fragte sie.

Georg bereitete das Bett vor. Er nahm die Decken weg und legte die Kissen zurecht.

»Komm, nimm das Tuch weg und leg dich hierher«, befahl er.

Stella gehorchte.

Er ließ sie sich auf die Seite drehen und arrangierte ihren Arm so, dass sie den Kopf darauf abstützte. Vor sie legte er ein Buch. »Tu, als würdest du lesen«, ordnete er an.

»Wow, ihr Pelzchen ist weg«, stellte Samuel fest.

»Natürlich«, grinste Georg. »Bist du bereit?«

»Einen Moment.« Samuel stellte seine Ausrüstung auf und verschwand hinter einem riesigen Tuch. »Ich habe sie im Bild.«

»Wie viele Bilder kannst du machen?«, wollte Georg wissen.

»Zwölf. Aber ich muss immer die Platte wechseln.«

»Gut, dann beeile dich damit. Ich werde dir Motive bieten. Du machst deine zwölf Bilder und dann verschwindest du.«

Samuel lachte. »Verstanden, mein Freund.«

Stella bemerkte, dass es blitzte, und es roch irgendwie komisch. Aber sie schaute nicht auf.

»Eins«, sagte Georg. Dann ging er zu Stella. Er setzte sich so auf das Bett, dass er oberhalb ihres Kopfes saß. Sanft umschloss er ihre Schultern und schaute darüber in das Buch. Es blitzte wieder.

»Zwei.«

Samuel wechselte erneut die Platte.

»Stella, schau mich an«, verlangte Georg. Sie sah zu ihm auf.

»Kannst du mich bitte so ansehen, als würdest du wollen, dass ich dich ficke?« Er grinste.

»Aber wir sind nicht allein«, flüsterte sie.

»Das ist nicht der Punkt. Schau mich verrucht an, Stella.

Ich gebe dir drei Versuche.«

Stella bemühte sich.

»Drei, vier und fünf.«

Georg lachte. »Samuel, wie läuft es?«

»Georg, es ist ein wenig eng im Schritt, aber die nächste Platte ist drinnen.«

»Stella. Schau mich noch einmal so an wie zuerst. Nun hebe deinen Schenkel an. Ja, genau. Verdammt, du bist nass, ich rieche es. Du genießt das genauso wie ich.«

»Sechs.« Samuel zählte für Georg.

Stella stöhnte. Je länger diese Fotositzung dauerte, umso erregter wurde sie.

Georg legte sich so hinter Stella, dass er sie umfassen konnte. Er war gänzlich bekleidet und das stellte einen starken Kontrast zu der nackten Frau vor ihm dar. Er griff mit einer Hand über ihren Körper nach vorn und griff nach ihrer oberen Brust. Seine Finger packten hart zu. Ein Bein glitt zwischen ihre Beine und drückte an ihre Scham. Der Stoff rieb an ihrer empfindlichen Stelle und ließ sie aufstöhnen. Er spürte, wie der Stoff seiner Hose von ihrem Saft nass wurde.

»Jetzt, Samuel«, sagte Georg.

»Sieben«, kommentierte Samuel.

»Ich habe es mir anders überlegt, Samuel. Wir hören heute bei acht auf. Ein Foto noch, dann bitte ich dich, zu gehen.«

»Geht klar, Georg. Ich bin bereit«, sagte Samuel.

»Stella, küss mich«, verlangte Georg.

Stella hob ihre Lippen den seinen entgegen und dann küsste er sie. Stella wusste nicht mehr, ob das achte Bild gemacht wurde oder nicht. Es dauerte nur wenige Augenblicke und sie lag unter Georg, der sie wild küsste. Seine Hände wanderten über ihren Körper.

»Du bist heiß, Stella«, flüsterte er an ihren Lippen.

»Ich will dich in mir haben, Georg«, antwortete Stella mit ebenso rauer Stimme.

»Spreiz deine verdammt langen Beine für mich.« Seine Stimme klang heiser.

Sie tat es. Er hatte nur die Hose geöffnet. Aber mehr brauchte es nicht. Sein hartes Geschlecht penetrierte ihre nasse Enge. Das Tempo, das er ihr zumutete, war unbeherrscht. Und sie genoss jeden Stoß. Dieses Mal kam sein Höhepunkt viel zu schnell. Er zwang ihr dennoch einen Orgasmus ab.

***

Es dauerte genau dreizehn Tage, dann hatte Samuel die Gemälde fertig. Georg hatte sie im Salon – dessen fensterlose Wand Stellas Porträt zierte – aufgestellt und besah sie nachdenklich.

»Diese Bilder sind schön«, lobte er. »Ich werde alle nehmen.«

»Das wird teuer«, antwortete Samuel grinsend.

»Ich kann es mir leisten.« Georg ging zum Tisch und schenkte sich Gin ein. Er reichte auch Samuel ein Glas.

»Warum hast du gewollt, dass ich dich unkenntlich darstelle?« Samuel hatte einen Fremden mit Georgs Makeln dargestellt.

»Verstehst du nicht? Sie ist hell, unversehrt und schön – geradezu vollendet in einer besonderen Perfektion. Er dagegen ist dunkel, vom Leben gezeichnet und entstellt. Wer benutzt hier wen? Wer braucht wen, um in seinem Selbst gesehen zu werden? Sie beide ergänzen einander. Nur in ihren Armen kann er, er selbst werden, denn sie gibt ihm, was ihm fehlt. Und nur in seinen Armen erblüht ihre ganze Schönheit. Sie machen sich gegenseitig perfekt. Es ist dieser Kontrast, der fasziniert.«

»Wow. Es ist also sehr viel mehr als die Faszination von dieser Frau für dich. Also, zu diesem Bild meine ich: Es ist ihr Blick, mit dem sie dich ansieht, was den Betrachter fasziniert, Georg«, entgegnete Samuel. »Sie ist unvergleichlich, nicht wahr?«

Georg antwortete nicht, sondern ging noch einmal von einem Bild zum anderen.

»Ich möchte, dass du noch einmal Fotos machst. Dieses Mal wird es direkter.«

»Noch direkter? Wie denn? Das ist schon ziemlich eindeutig. Du hast sie ziemlich rangenommen, als ich ging.«

»Hat es dir gefallen. Wie lange hast du zugeschaut?«

»Verdammt, Georg, machst du Witze? Ich musste ja noch meine Ausrüstung zusammenpacken, bevor ich ging. Ihr habt nicht wirklich gewartet, bis ich weg war. Ihre langen Beine waren um deinen Körper geschlungen, während du sie mit deinem Mörderschwanz einfach aufgespießt hast, ohne auf ihr Stöhnen zu achten. Ihr Wimmern, deine Wildheit… es war faszinierend, wie sie sich deiner rauen Lust hingegeben hat, Georg. Seitdem träume ich von diesem unvergesslichen Anblick. Ich war dauerhart. Die ganze Nacht und in der Zeit, in der ich diese Bilder angefertigt habe.«

Georg grinste zufrieden. »Das ist genau das, was ich bezwecken möchte. Wir werden diese Bilder verkaufen. Nicht einmal. Viele Male. Du wirst diese Gemälde noch einmal fotografieren und als Karten vervielfältigen. Wir bieten die Bilder in entsprechenden Etablissements an. Du wirst sehen, das funktioniert.«

»Du bist verrückt.«

Beide Männer lachten.

»Ja«, gab Georg zu.

»Komm morgen in die Orangerie. Dort gibt es viel Licht. Die Pflanzen werden sich gut machen. Ich werde dir neue Motive liefern.«

***

Als Samuel mit seiner Ausrüstung kam, war Stella bereit. Sie saß auf einer Ottomane in der Orangerie und trug nur einen seidenen Morgenmantel.

Georg hatte keineswegs zu viel versprochen und lieferte bei dieser Sitzung tatsächlich neue Motive.

Stella ließ ihren Morgenmantel lasziv über ihre Schultern gleiten. Das war das erste Motiv.

Dann kniete sie vor dem bekleideten Georg und öffnete seine Hose. Dabei stützte sich Georg gut erkennbar auf seinem Gehstock ab. Motiv zwei. »Ich möchte, dass du auf dem Bild, das du von diesem Motiv malen wirst, einen römischen Legionär malst, der sich auf einem Schwert abstützt.«

»Du bist verrückt«, kommentierte Samuel diesen Wunsch.

»Die Betrachter werden sich fragen – wer ist sie? Ist sie seine Sklavin oder sein Weib, das ihn erwartet, wenn er nach Hause kommt?«

Stella verstand schnell. Sie kümmerte sich nicht mehr darum, ob Samuel fotografierte oder nicht. Davon abgesehen, dass sie es aufregend fand, dass sie beim Liebesspiel von jemandem beobachtet wurde, war es ihr sonst egal. Sie begann sich Georgs Schwanz zu widmen und sie leckte und saugte hingebungsvoll daran. Motiv drei wurde auf dem nächsten Foto festgehalten.

Georg gebot ihr Einhalt und zog seine Beinkleider aus. Den Gehstock nahm er dennoch wieder zur Hand. Mit der freien Hand packte er ihre dichten Locken. »Nimm ihn ganz rein, Stella.«

Stella schob ihren Rachen über Georgs Schwanz, immer wieder, bis er ganz darin verschwand. Dann wartete sie geduldig, bis es aufblitzte. Keuchend rang sie nach Luft, als er sich zurückzog.

»Stella, meine Liebe, du machst das wunderbar. Jetzt leg dich auf die Ottomane und lade mich ein, zu dir zu kommen.«

Stella gehorchte und spreizte dabei ihre Schenkel sündhaft weit. Gleichzeitig hob sie einen Arm und winkte mit dem Zeigefinger Georg zu sich, während sie mit der anderen Hand ihre Brüste streichelte.

»Bleib so!« Samuel stellte erst scharf. Dann hatte er auch das fünfte Motiv aufgenommen.

Georg ging zu ihr und streichelte nun ebenfalls ihre Brüste. »Es ist großartig, mit dir zu arbeiten.« Er küsste sie rasch auf die Lippen. »Wie könnten wir dich noch besser zur Geltung bringen, hm? Hast du eine Idee?«

Stella richtete sich auf, kniete sich auf die Ottomane und stützte sich an der Rückenlehne ab. Dann drehte sie ihren Kopf nach hinten und lächelte Georg an. »Ist das eine Einladung?«, fragte sie keck.

»Das ist eine Einladung, die ich annehmen will, meine Schöne. Samuel, warte, bis ich entkleidet bin«, antwortete Georg.

Als er nackt war, kam sein harter Schwanz noch besser zur Geltung. Er stellte sich hinter Stella, ohne den Blick auf ihren Körper zu verdecken, und griff nach ihrem Po. Aber so, dass er sie noch nicht berührte. Stella blickte ihn über die Schulter an und lachte.

»Ein sehr schönes Motiv«, schwärmte Samuel.

»Und jetzt, unersättliche Stella, setz dich auf mich, und schau zu Samuel. Und nimm mich verdammt noch mal in deiner nassen Grotte auf«, knurrte Georg.

»Du willst doch nicht etwa…« Samuel hielt inne, die Platte auszutauschen.

»Ich will, dass du malst, wie ich in ihr bin. Hast du einen Einwand?« Georg funkelte Samuel an.

Stella machte Platz, sodass Georg sich auf die Ottomane setzen konnte. Er lehnte sich zurück und gab ihr die Möglichkeit, über ihn zu kommen. Von hinten packte er ihre Hüften und drückte sie auf sich.

»Ja, du kleine, geile Hexe. Und jetzt stellst du die Beine auf und spreizt sie weit, damit Samuel sehen kann, dass ich ganz in dir bin. Dann legst du den Kopf zurück und blickst mich an. Ja, du machst das verdammt gut, Stella. Noch immer ist deine Fotze so unglaublich eng. Aber du kannst mich ganz tief aufnehmen. Ja, genau so… Hör sofort auf, meinen Schwanz zu melken, sonst versohle ich dir deinen süßen Arsch.« Georg lachte. »Weiter auseinander, deine Schenkel. Noch weiter.«

Stella stöhnte.

»Und jetzt schau mich an!« Georgs Stimme war heiser. Stella hob ihren Kopf und schaute zu Georg auf, der auch noch in dieser Position größer war, als sie und auf sie herabsah.

»Ich habe es drauf, Georg.« Samuels Stimme klang gequält. »Motiv sieben ist im Kasten«, krächzte er.

»Gut, das wird auch Zeit. Stella, beweg dich jetzt ein wenig auf und ab, bevor wir weitermachen. Samuel hat ein wenig Pause. Ich brauche es jetzt, dass du mich reitest.« Dabei packte er ihre Hüften und zog sie nach oben. Sie kam auf die Knie und begann ihn zu reiten, wie er es ihr gebot. Wild stieß er von unten in sie. Ihre rhythmischen Bewegungen wurden schneller. Mit geschlossenen Augen gab sie sich ihrer Lust hin. Plötzlich wurde sie von hinten gepackt und auf seine Hüften gepresst. Er schrie auf und zuckte in ihr. Und sie molk seinen Saft aus ihm heraus.

»Stella, du bist die Beste«, stöhnte er und küsste ihre Schultern. Zitternd kam sie zu Atem und lehnte sich an ihn. Beide brauchten ein wenig Zeit, um sich zu erholen.

Langsam lösten sie sich voneinander und Stella stieg von Georg. Er erhob sich und brachte ihr den Morgenmantel, den er um sie wickelte.

Samuel räusperte sich.

»Ah, mein Freund, dich hatte ich doch tatsächlich vergessen.« Georg sah auf und grinste.

»Ich habe ein Foto geschossen, als sie dich ritt. Das Motiv ist sehr erotisch«, gestand Samuel fast schüchtern.

»Das geht in Ordnung. Ich glaube, wir sind heute fertig.

Mir gehen gerade die Ideen aus«, lachte Georg.

»Ich möchte noch ein Motiv aufnehmen«, gestand Samuel und räusperte sich noch einmal verlegen.

»Ja? Was denn?«, fragte Georg.

»Denkst du, Stella würde sich noch einmal mit gespreizten Beinen auf die Ottomane legen und mir davon eine Nahaufnahme gestatten, wie dein Saft aus ihr herausläuft? Du scheinst sie ja voll abgefüllt zu haben. Das müsste klappen.«

»Gott, bist du versaut!« Georg lachte und zog Stella zur Ottomane. »Zieh dich aus und leg dich hin. Zeig mir, wie du überläufst.«

Stella legte sich hin und spreizte ihre Schenkel. Sie fühlte, wie Nässe aus ihr herausquoll.

»Warte, ich unterstütze das.« Georg kniete sich neben sie auf den Boden und spreizte ihre Beine noch weiter auseinander. »Ich hol das für dich raus, Samuel.«

Drei seiner Finger glitten in sie und bewegten sich stoßweise, bevor er sie zurückzog und vor den Eingang ihrer Grotte legte. Schmatzend floss sein Samen auf seine Finger.

»Das ist perfekt«, jubelte Samuel und machte das Foto.

Danach begann er, seine Ausrüstung zusammenzupacken.

»Samuel, du kannst es nicht mehr verstecken. Geh zu Molly. Sie wird dir helfen, Druck abzulassen. Du bist eingeladen.«

Die Männer lachten. »Das ist fair«, meinte Samuel.

»In vier Wochen will ich die Bilder haben«, forderte Georg.

»Ich werde mein Bestes tun, wie immer, Georg.«

Samuel winkte zum Abschied. »Ich kenne den Weg hinaus, Georg. Lass sie jetzt nicht allein.«

Stella richtete sich auf.

»Du warst wunderbar, wie immer.« Georg nahm sie in die Arme, als sie aufstand.

»Warum machen Sie das, Georg?«, fragte sie.

»Weil ich es kann. Weil ich es liebe, dich auf erotischen Bildern zu sehen. Weil du einfach hinreißend bist, wenn du gefickt wirst. Weil ich verrückt nach dir bin. Weil mein Schwanz immer hungrig nach deiner Möse ist. Ist etwas dabei, was dir gefällt?« Georg hielt sie fest.

»Aber Sie können das doch nicht alles malen lassen.«

»Ich kann. Und du ahnst gar nicht, wie lukrativ es ist. Die ersten Bilder werden als Postkarten in Lillys Etablissement angeboten und verkaufen sich rasend schnell.«

»Sie verkaufen Fotokarten von diesen Bildern?« Stella versuchte, sich von ihm zu lösen.

»Warum verwundert es dich?«

»Sie hätten mich fragen müssen, Georg.«

»Irrtum, Stella. Du wurdest von mir gemietet. Für einen längeren Zeitraum. Zu meiner Verwendung. Genau das mache ich. Ich verwende deinen wunderschönen Körper, um mein Vermögen ein wenig aufzustocken.«

»Ich bin also für Sie nichts anderes als diese kleine Hure, die Sie gekauft haben.« Jetzt gelang es ihr, sich von ihm zu befreien.

»Würden Sie es akzeptieren, hätte ich diese Fotos nicht zugelassen? Was wäre die Konsequenz, würde ich mich Ihnen in einer Nacht verweigern? Ist Ihnen einmal die Idee gekommen, dass mir das nicht gefallen könnte?«

»Aber es hat dir gefallen, Stella. Du warst nass und du wolltest, dass uns Samuel beobachtet, nicht wahr?« Georg griff wieder nach ihr und zog sie zu sich. »Es macht dich an, dabei gesehen zu werden. Und du magst es, wenn ich dich ficke. Wo also, verdammt noch mal, ist dein Problem?«

»Das Problem liegt darin, dass Sie mich nicht gefragt haben. Ich konnte nicht entscheiden, ob ich das will. Sie haben es entschieden. Das Problem liegt auch darin, dass Sie sich daran bereichern. Ich habe dafür … Warten Sie, lassen Sie mich nachdenken. Hm… ach ja, ich hab's. Ich habe dafür ein Dach über dem Kopf und werde gefüttert. Und ich darf bleiben, solange Sie es wollen. Sehen Sie es nicht? Es ist so verdammt ungerecht!«

»Aber du bist eine Nutte, Stella.« Er küsste sie auf die Stirn. »Nutten werden gefickt und sie werden dabei beobachtet. Sie haben im Bordell Kost und Quartier und bei Lilly bekommen sie auch ein wenig Lohn. Das ist nicht überall üblich.«

»Und weil man Huren auf diese Weise ausnutzt, ist es verdammt noch mal in Ordnung?« Jetzt schrie Stella.

Georg starrte sie an.

»Wann habe ich dich schlecht behandelt, Stella?«, fragte Georg nach einer Weile.

Stella schluchzte. »Gar nicht. Sie behandeln die Hure, die Sie gemietet haben, tatsächlich sehr fair, Georg. Aber Sie haben es hier nicht nur mit einer Hure zu tun, die übrigens nicht gefragt worden ist, ob sie dieses Gewerbe ausüben will. Sie haben hier im Haus das Mädchen Stella. Und das Mädchen Stella ist mehr als ein Mund, der es schafft, Ihren Prachtschwanz ganz aufzunehmen, oder eine nasse Fotze und ein enges Arschloch.« Wieder schluchzte sie auf. »Ich bin mehr. Ich habe Fertigkeiten, die ich nicht anwenden darf. Noch nie in meinem Leben war ich dermaßen faul.«

»Aber du brauchst nicht zu arbeiten. Mir reicht es, dich in meinem Bett zu haben.« Georg verstand noch immer nicht, was sie ihm sagen wollte.

»Georg, ich lese und ich sticke gern. Es wäre für mich so viel angenehmer, könnte ich auch am Tag etwas machen, was mir Freude macht.«

Georg sog die Luft ein. »Es macht dir also keine Freude, bei mir zu liegen?«

»Das habe ich doch gar nicht gesagt, Georg. Ich langweile mich am Tag. Die Nächte sind wunderbar für mich. Und ich genieße jeden Fick mit Ihnen. Noch viel mehr, als ich es zeigen kann. Und ich hätte es gern, dass nicht alles in meinem Leben für mich entschieden wird und es nur meine Aufgabe ist, dazu zu lächeln.« Sie holte tief Atem. »Ich sage es Ihnen gleich. Hätten Sie Samuel eingeladen, mich… also, ich hätte es nicht hingenommen. Noch bin ich nicht die Hure, die ich sein werde, wenn Lilly mich zurückbekommt. Ich weiß nicht, wie ich es schaffen werde. Irgendwie wird es wohl gehen. Aber noch kann ich das nicht. Ich kann es einfach noch nicht.« Jetzt weinte sie ungehemmt.

Georg hob sie auf seine Arme und setzte sich auf die Ottomane. »Was könntest du nicht ertragen? Dass ein anderer Mann als ich dich fickt? Wann hörst du endlich, was ich dir schon so oft gesagt habe, Stella. Du bist meine Hure. Mein persönliches Eigentum. Deine geilen Löcher sind ebenfalls mein Eigentum. Darin werde nur ich mich erfreuen. Geht das endlich in deinen Kopf?«

»Wie lange, Georg? Wie lange werden Sie mich hierbehalten? Bis die Fotos, die Sie wollen, geschossen sind?« Sie schluchzte so sehr, dass er sie kaum verstand.

»Glaub mir, ich lasse dich noch eine ganze Weile bei mir, Stella.«

Nackt, wie er war, trug er sie aus der Orangerie, hinauf in sein persönliches Schlafzimmer. Er legte sie in sein Bett. Das hatte er noch nie mit einer Frau gemacht. Sein hungriger Mund erstickte ihr Schluchzen mit Küssen, die immer mehr forderten. Stella reagierte wie üblich. Sie ließ sich darauf ein, öffnete ihre Schenkel und hieß ihn willkommen. In dieser Nacht nahm er sie langsam und liebevoll. Er quälte sie mit seiner ungewöhnlichen Sanftheit, ließ sie um seinen Schwanz betteln, bevor er sie endlich wild fickte. Noch nie war er so befriedigt eingeschlafen.

Als er sie am Morgen in seinem Bett vorfand, wusste er, dass es die richtige Entscheidung gewesen war, sie in sein Zimmer mitzunehmen. Sie war genau da, wo sie sein sollte.

***

Wieder vergingen zweieinhalb Wochen und Samuel hatte Bilder von den unzähligen Fotos, die er in der Zwischenzeit von Stella gemacht hatte, gemalt.

Georg besichtigte die neuen Karten.

»Sie sind umwerfend, Samuel. Lilly wird begeistert sein. Ich habe vor, ihr die schönsten davon zu zeigen. Welches ist dein Favorit?«

»Oh, das ist nicht schwer zu erraten, oder?«

»Mir gefällt jedes«, erwiderte Georg lachend.

»Mein Lieblingsbild ist das, auf dem Stella von dir in den Mund gefickt worden ist. Eine Ladung des Spermas ist in ihrem geöffneten Mund zu sehen, der Rest verziert ihre Brüste. Das ist einfach verboten sündig.«

Georg grinste. »Das ist wirklich ausgesprochen anregend. Wie mir Lilly gesagt hat, verkaufen sie sich auch sehr gut. Mir sind da noch einige Motive eingefallen, aber das kann warten. Ich bin dafür, dass wir einmal schauen, wie sich das alles verkauft. Lilly hat übrigens Kontakt mit einem anderen Etablissement aufgenommen. Sie nehmen das ganze Sortiment. Also, mein Freund, reproduziere nach.«

Die Männer lachten.

»Hilft dir Molly über deine Beschwerden hinweg?«, fragte Georg.

Samuel wurde ernst.

»Nein, Georg. Irgendwie hat mich Stella für die Frauen verdorben. Sie ist so echt. Nichts Gekünsteltes … Molly ist gut. Aber das bekommt sie einfach nicht hin.«

Georg wurde ebenfalls ernst. »Aber Stella gehört mir, Samuel. Ich dachte, das war von Anfang an klar.«

»Das ist nach wie vor klar. Ich werde sie nicht anmachen, Georg.«

»Gut, dass das geklärt ist«, sagte Georg.

Die Karten wurden innerhalb eines Monates in dreizehn Etablissements angeboten und wurden zum Verkaufsschlager. Georg und Samuel verdienten daran ein Vermögen. Und auch Lilly, denn sie bekam eine Prämie für ihre Vermittlungsdienste.

Georg hatte auch ein Konto für Stella eingerichtet. Ihre schmerzerfüllten Worte hatten ihn berührt. Warum entlohnte man Nutten nicht gut? Sie machten ihre Arbeit ja auch gut. Er wusste keine Antwort darauf.

***

Stella war allein im Salon und stickte an ihrem Bild. Georg hatte ihr Stickerei-Arbeiten besorgt und sie freute sich, auch am Tag etwas zu tun zu haben.

An diesem Nachmittag ging ihr die Wolle aus. Sie blickte suchend im Salon umher und entdeckte eine kleine Holzkiste.

»Ah, ja, da gibt es noch Wolle«, murmelte sie und stand auf.

Allerdings befand sich in dieser Schachtel keine Wolle, sondern Fotos. Genau genommen alle Fotos von ihr, die je von ihr gemacht worden waren. Und auch die Fotos von den Bildern, die verkauft wurden. Sie holte sie heraus und legte sie vor sich auf den Tisch auf. Einige Bilder hatte ihr Georg gezeigt, viele kannte sie jedoch noch nicht.

Da war sie plötzlich wieder, diese Traurigkeit. Diese Fotos existierten. Davon hatte sie gewusst. Sie war einverstanden gewesen, dass diese Bilder aufgenommen worden waren. Aber war sie es auch mit der Reproduktion? Wollte sie, dass die Bilder verkauft wurden?

»Was tust du hier?« Plötzlich stand Georg neben ihr.

»Ich … So viele Bilder gibt es? Und sie werden alle verkauft?«

»Fast alle, Stella. Sie verkaufen sich sehr gut. Und du hast meine Frage nicht beantwortet. Was machst du hier?«

»Mein Wollfaden war aus. Ich dachte, in dieser Schachtel könnte noch etwas sein. Aber es war keine Wolle drin.« Stella sah auf.

»Na gut, ich will dir glauben.«

Stella sah ihn an. »Kann ich sagen, dass ich davon einige Karten nicht gern veröffentlichen möchte?«, fragte sie.

»Du kannst es sagen. Aber ich entscheide, ob ich es hören werde.«

»Und wenn ich es sage, werde ich dann zurückgeschickt zu Lilly? Keine Angst, ich werde nicht fortlaufen von dort. Das könnte ich gar nicht. Es ist also ganz belanglos, was ich will…« Es lag so viel Hoffnungslosigkeit in ihrer Stimme, dass er aufhorchte.

»Stella, möchtest du verdammt noch mal zurück zu Lilly?«, knurrte Georg.

Sie schüttelte den Kopf. »Das haben Sie mich schon einmal gefragt. Die Antwort ist die noch immer die gleiche. Nein, ich will nicht zurück ins Bordell. Aber ich frage mich jeden Tag, wann dieses Leben hier zu Ende sein wird. Wann werden Sie sich an meinem Körper gesättigt haben?«

»Stella, du hörst mir einfach nicht zu. Und langsam ärgerst du mich wirklich.« Seine Stimme klang nun tatsächlich verärgert.

»Das wollte ich nicht.« Stella legte die Bilder wieder in das Kästchen zurück.

»Gefallen sie dir nicht?«, fragte Georg.

»Doch, sie sind schön. Für uns beide. Aber warum für andere?«

»Weil ich damit Geld verdienen kann, Stella.«

Sie nickte.

»Geh in dein Zimmer, Stella. Erwarte mich und sei vorbereitet. Ich habe heute großen Appetit nach dir.«

Stella eilte auf ihr Zimmer. Obwohl sie immer wieder in Georgs Zimmer übernachtete, so hatte sie doch ihr Gästezimmer behalten.

Es dauerte nicht lange, und Georg betrat den Raum. Stella war nackt, so wie er es wünschte, wenn er ihr befahl, sich für ihn vorzubereiten. Sie verstand sehr gut, auf seine Wünsche zu seiner Zufriedenheit zu reagieren. Das besänftigte ihn.

Er ging zu dem kleinen Tisch am Fenster und ließ sich auf einem Sessel nieder.

»Habe ich Sie verärgert?«, fragte Stella und kam langsam zu ihm.

»Ja«, gab er zu und goss Gin in ein Glas, welcher in einer Flasche auf dem Tisch stand.

»Weswegen?«, fragte sie.

»Ich stelle die Fragen, Stella, nicht du.«

Er trank und schwieg.

»Wage es nicht, mit deinen Ausflüchten fortzufahren. Was macht dir Angst?« Er klang hart.

»Alles«, gab sie zu.

»Was im Besonderen?«

Jetzt war es an ihr, zu schweigen.

»Weißt du Stella, all die Mädchen, die jetzt so brav bei Lilly arbeiten, sie hatten eine wildere Eingewöhnungsphase in das Etablissement, als du. Du hast kein einziges Mal versucht, zu verschwinden. Schon lange wollte ich dich danach fragen. Aber heute kam es mir wieder in den Sinn, als du gesagt hast, du würdest nicht von Lilly weglaufen, würde ich dich zurückbringen. Obwohl ich weiß, dass du nie mehr dorthin zurückkehren möchtest.«

»Doch… Ich habe versucht wegzulaufen. Dreimal, um genau zu sein. Sehr versteckt. Als ich Kräuter im Garten holte für die Küche. Aber die Wachen waren aufmerksam. Sie haben es nicht gemerkt, dass ich wegwollte. Aber ich habe nach einer Möglichkeit gesucht.«

»Du hast also daran gedacht. Das ist gut. Aber du hast es nicht versucht«, erinnerte er sie.

Als sie nichts sagte, stand er auf und packte sie an den Haaren. »Bis jetzt habe ich es dir angenehm gemacht. Aber Huren werden nicht immer nur verwöhnt. Manches Mal müssen sie auch ziemlich was einstecken.«

Er knurrte und sie hob die Hände, um sich zu schützen, falls er sie schlug.

»Sag es mir«, verlangte er. Sie schüttelte den Kopf, soweit es sein Griff zuließ. Das würde Luna jetzt doch in Gefahr bringen, oder? Nach all den vielen Wochen war die Drohung nie entkräftet worden.

»Ich kann nicht«, kam es endlich gequält über ihre Lippen.

»Er hat also etwas gegen dich in der Hand?«, fragte er.

Sie schluchzte leise.

»Sag es mir, Stella.« Jetzt wurde seine Stimme ruhiger.

»Es geht nicht«, sie schluchzte auf und er schoss sie in seine Arme.

»Warum nicht?«

»Er würde sie töten.«

»Wen?« Georg merkte, dass Gänsehaut seinen Körper überzog. Was hatte dieser Teufel Swanakovsky in der Hand, dass er sie zwang, dieses Leben zu führen?

»Luna«, weinte Stella. Ihr Schluchzen schüttelte ihren Körper.

Georg hob sie hoch und ging mit ihr zum Bett, um sie daraufzulegen.

»Luna? Ist das eine Freundin?«, fragte er nach.

Sie schüttelte den Kopf. »Meine Schwester.«

»Du hast eine Schwester?« Er hob die Augenbraue. Mittlerweile war ihr diese Geste vertraut.

»Wir sind Zwillinge.«

»Du willst mir sagen, es gibt noch so ein wunderschönes Wesen, wie dich?« Er richtete sich auf. Das war doch einmal eine bemerkenswerte Nachricht!

»Wo wohnt sie?«

Stella nannte ihm die Adresse.

»Ich bin gleich wieder bei dir«, sagte er und ging zur Tür.

»Er hat auch gedroht, meine Tante zu töten.« Er drehte sich um und sah sie fragend an. »Sie ist die Bäuerin auf dem Hof. Auf dem ich mit meiner Schwester nach dem Tod unserer Mutter gelebt habe.«

»Das erzählst du mir alles genau, wenn ich zurück bin.«

Dann war er weg. Stella rollte sich zusammen und deckte sich zu.

Als er die Stiegen hinunterging, grinste Georg. »Stella und Luna. Zwei himmlische Wesen. Sehr interessant.«

Georg brauchte mehr als eine Stunde, bis er zurückkam. Und er fand Stella schlafend. Ihre Augen waren verweint und gerötet. Leise entkleidete er sich und legte sich zu ihr ins Bett.

Am nächsten Morgen fragte er sie über ihre Geschichte aus. Dabei duldete er keine Ausflüchte. Und Stella gab ihm die Antworten, die er von ihr forderte. Wenn er sich Freude von ihr erwartet hatte, weil sie endlich ihr Leid klagen konnte, so wurde er enttäuscht. Ganz im Gegenteil. Stella wirkte geknickt, nachdem er ihre Geschichte erfahren hatte. Sie war verängstigter als zuvor, bemerkte er.

***

Drei Tage später stand groß in der Zeitung zu lesen, dass Swanakovsky Mädchen kaufte. Von der Titelseite prangte das Foto des Mannes, der Stella von ihrem Zuhause weggeführt hatte. Daneben war das Bild ihres Onkels zu sehen. Im Bericht hieß es, er war der Mann, der seine Nichte an ein Bordell verkauft hatte. Zeugen berichteten, dass sie gesehen hatten, wie das Mädchen weggebracht worden war. Die Polizei hatte Swanakovsky verhaftet und gegen ihren Onkel lief eine Anzeige. Er blieb aber vorläufig auf freiem Fuß, da er behauptete, nichts davon zu wissen, wohin Swanakovsky seine Nichte bringen würde. Das glaubte zwar niemand. Andererseits ließ sich das Gegenteil noch nicht beweisen.

Aber davon wusste Stella nichts, denn Georg gab ihr keine Zeitung zu lesen. So traf es sie völlig überraschend, als sie aus ihrem Zimmer beobachtete, wie eine Kutsche vorfuhr, aus der ihre Tante und Luna stiegen.

Plötzlich stand Georg neben ihr. »Sie sieht dir tatsächlich sehr ähnlich, Stella. Aber sie ist trotzdem ganz anders als du.«

Fragend sah Stella auf. »Aber wollen Sie nicht auch … Ich meine …?«

»Ist das deine Sorge? Dass ich sie in mein Bett zerre?« Er lachte freudlos. »Was hast du nur für Ängste? Sie ist schön, das ist richtig. Aber du hast die Ausbildung, die ich bevorzuge. Sie ist unser Gast, Stella. Du bist mein Eigentum.«

»Für wie lange, Georg? Wie lange wollen Sie mit mir auf diese Weise spielen?« Ihre Stimme zitterte.

»Lange, Stella. Sehr lange.« Er reichte ihr seinen Arm und sie legte ihre Hand darauf. »Dann wollen wir die beiden begrüßen, nicht wahr?«

Sie nickte und folgte ihm aus dem Zimmer.

»Und Stella, du schuldest mir etwas«, flüsterte er auf dem Gang an ihr Ohr. »Heute Nacht will ich jedes deiner Löcher.«

Sie sah ihn nicht an, sondern richtete ihren Blick nach vorn. »Alles, was Sie wünschen, Georg.«

»Ganz die gehorsame Hure, die ich gemietet habe. Du hast keine Ahnung, wie hart mich dein Gehorsam macht. Hätten wir nicht Besuch, würde ich dich über das Geländer des Treppenaufgangs beugen und dich von hinten ficken. Aber das würde vielleicht deine Tante schockieren, oder?«

»Das würde es«, gab sie zu.

Er lachte und führte sie nach unten.

»Stella!« Beide Frauen riefen ihren Namen, als sie sie sahen.

Luna kam zu ihr und Stella umarmte sie.

»Geht es dir gut?« Beide Mädchen sprachen zur gleichen Zeit. Dann lachten sie. Georg begrüßte die Gäste und lud sie in den Salon ein. Tee und Gebäck wurde gereicht.

Tante Marie sah erschöpft auf und ihre Kleider hatten schon bessere Tage gesehen. Aber ihr Blick war hellwach. Sie wandte sich an Georg. »Wie kommst es, dass Stella in Ihrem Haus ist? Wie haben Sie sie kennengelernt? Als ich in der Zeitung las, zu welchen Arbeiten Swanakovsky die Mädchen einkaufte, war ich sehr besorgt. Aber das scheint hier anders zu sein.«

Stella erblasste. Was stand in der Zeitung?

»Wo bist du in den letzten Monaten gewesen, Stella?«, fragte die Bäuerin jetzt ihre Nichte.

Georgs Stimme war ganz ruhig, als er für Stella antwortete. »Ihre Sorge ist absolut begründet.« Er nickte, um seinen Worten mehr Bedeutung zu geben. »Aber ich darf Sie beruhigen. Stella hatte eine Stelle als Zimmermädchen in einem Hotel. Dort habe ich sie kennengelernt. Von dort brachte ich sie in mein Haus. Stella hat keineswegs in einem der Etablissements als Liebesdienerin gearbeitet, welche von Swanakovsky beliefert worden sind.«

Stella blickte ihn an. Er würde es ihrer Schwester und ihrer Tante nicht sagen? Oh, sie stand tatsächlich in seiner Schuld. Mehr als ihr bisher bewusst war.

»Und als was haben Sie Stella hier eingestellt?«, bohrte die Tante nach.

»Sie ist meine Gesellschafterin und…« Georg verstummte

abrupt.

»Und?«, fragte Luna jetzt nach. Sie war vorlauter als Stella, fiel Georg auf. Stella war ihm auf Anhieb die Liebere der beiden.

»Und, wenn sie es möchte, meine Frau. Aber sie überlegt noch, ob sie den Antrag annehmen wird«, sagte Georg.

Stella wurde noch blasser.

»Verzeih mir, meine Liebe, wenn ich es schon ausgeplaudert habe.« Georg griff nach Stellas Hand und führte sie an seine Lippen.

»Genug von mir«, brachte Stella mit einem Lächeln, mit dem sie Georg bedachte, über die Lippen. »Wie ist es euch ergangen, seit ich weg war?«

»Oh, der Bauer wurde immer gemeiner. Er hatte immer mehr Arbeit für uns beide. Dabei drohte er mir an, mich auch an den Herrn zu vermitteln, der dich mitgenommen hatte. Aber Tante Marie ließ es nicht zu.« Sie warf ihrer Tante einen liebevollen Blick zu.

Und dann erfuhr Stella, dass der Bauer die Anzahl der Kühe erhöht hatte und sie kaum mehr die Milchwirtschaft bewältigen konnten. Und auch davon, dass es eine Missernte gegeben hatte. Was dazu führte, dass wieder viele Kühe verkauft werden mussten. Als sie davon zu sprechen kam, dass bei ihrer Tante ein Herzleiden diagnostiziert worden war, wurde sie von dieser unterbrochen.

»Nur das Wichtige, Luna«, sagte die Tante.

»Ich würde mich freuen, wenn Sie einige Zeit in meinem Haus verweilen und die Tage mit Stella verbringen könnten«, bot Georg nun an.

»Aber wir müssen zurück auf den Hof«, warf Luna ein.

»Nein, das müssen Sie gerade nicht sehr dringend. Offensichtlich vergaß man, Ihnen zu sagen, dass ich einen Verwalter für den Hof finden konnte. Ihr Gatte, so leid es mir tut, das mitteilen zu müssen, weilt nun doch im Gefängnis. Und Sie beide allein würden die Arbeit nicht lange bewältigen. Bleiben Sie also so lange in meinem Haus, wie Sie möchten.«

Nachdem es sich Luna und ihre Tante in ihren zugewiesenen Räumen bequem gemacht hatten, trafen sie einander erneut im Salon. Stella hatte Stickarbeiten gefunden und zusammen widmeten sie sich dieser neuen Aufgabe. Dabei schwatzten und erzählten sie aufgeregt. Wobei Stella eher den zuhörenden Part übernahm.

Das Abendessen nahmen sie zusammen mit Georg ein und Stella wirkte zum ersten Mal entspannt, stellte er zufrieden fest.

***

Stella bat darum, sich zurückziehen zu dürfen, und verließ den Tisch. Sie wusste, was ihre Aufgabe war. Und sie wollte vorbereitet sein. Als Georg das Zimmer betrat, zog sie die Decke von ihrem Körper und präsentierte ihm ihren nackten Körper.

Georg ging zu ihr und gebot ihr mit einem Handzeichen, die Schenkel zu spreizen.

Sie gehorchte und was er sah, gefiel ihm. Wohlgeformt, willig und bereit für die Vereinigung – so wollte er es. »Schön und gehorsam, wie immer. Das schätze ich so sehr an dir, Stella.« Er lächelte.

Georg berührte mit seiner Hand ihre feuchte Spalte. »Und bereit. Ich kann mir keine bessere Hure vorstellen.«

Sie zuckte zusammen, als hätte er sie geschlagen. Natürlich. Sie war seine Nutte, die er gemietet hatte.

»Erinnerst du dich, was ich heute von dir wünsche?«, fragte er, so als habe er ihre Reaktion auf seine Worte nicht bemerkt.

Sie richtete sich auf und half ihm, sich zu entkleiden. Als er neben ihr auf dem Bett saß, beugte sie sich über sein hartes Geschlecht und begann, es mit ihren Lippen zu verwöhnen.

»Ja, Stella. Mach ihn schön nass. Damit gleitet er besser.

Egal, in welches deiner geilen Löcher.«

Sie tat es. Sehr bald glänzte sein großer Schwanz im matten Licht des Raumes.

»Nimm ihn endlich in den Mund, Stella«, verlangte er. Noch nie war er beim ersten Stoß so tief in ihren Mund vorgedrungen. Ihr Würgen nahm er zur Kenntnis.

»Bemüh dich ein wenig mehr, Stella.«

Als sie es schaffte, ihn ganz aufzunehmen, packte er ihre Locken und hielt sie fest, bevor er begann, sich wild in ihren Mund zu treiben.

»Ja, Stella. Du kannst das wirklich gut«, lobte er sie, zog sich zurück und gebot ihr mit einem Kopfnicken, sich vor ihn auf den Rücken zu legen. Mit einer einzigen Bewegung kam er über sie und drang in ihre Lustgrotte ein. Als sie aufstöhnte, hielt er seine Hand über ihren Mund. »Sei still. Du willst doch nicht, dass deine Tante und Luna erfahren, was wir hier machen, oder?«

Oh, diese Vereinigung war weder schonend noch liebevoll. Stella wurde klar, dass er ihr, trotz seiner Worte vor ihrer Tante und ihrer Schwester am Nachmittag, hier nun wieder ihren Stand in diesem Haus aufzeigte.

Sie spürte, dass er seine ganze Länge in sie drückte und tief in ihr ejakulierte.

Anschließend lagen sie nebeneinander und rangen nach Luft.

»Hast du über meinen Antrag nachgedacht?«, fragte er und durchbrach die Stille.

Stella richtete sich auf und sah ihn überrascht an. »Er war ernst gemeint?«

»Jeder verdammte Wort, Stella. Willst du meine Frau sein? Ich möchte dich an meiner Seite haben. Ich möchte meine Lust an deinem wunderschönen Körper stillen und dich ein wenig wie die Hure behandeln, zu der du erzogen worden bist.«

Er schaute ihr in die Augen.

Als sie schwieg, fragte er weiter. »Warum nimmst du nicht an? Bin ich dir zu hässlich? Das verstehe ich. Aber ich habe gehofft…«

Stella nahm seine Hände. »Nein, Georg. Das ist es nicht. Sie sind nicht hässlich. Es ist nur …«

»Was?«

»Es ist für mich unglaublich, dass Sie mir diese Frage stellen.«

»Ich bin ein Kunstsammler, Stella.« Er grinste sie an. »Ich habe dich gekauft, weil du schön bist. Damit meine ich nicht nur deinen perfekten Körper. Jetzt möchte ich, dass du bleibst – für immer. Ich wünsche mir, dass du das für dich entscheidest. Diese Frage hätte ich dir längst stellen müssen. Könntest du dir vorstellen, mit mir dein Leben zu verbringen?«

Sie dachte kurz nach. »Ich kann es mir vorstellen.«

»Ist das ein Ja, Stella?«

»Ja, ich denke, das ist ein Ja«, sagte sie leise.

»Oh, Stella. Du machst mich zum glücklichsten Mann. Ich hoffe, ich kann dich auch ein wenig glücklich machen.« Er packte ihren Kopf und zog ihn an sich. Dann küsste er sie. Wild und hemmungslos.

»Deine Küsse verraten dich, kleine Hure. So angepasst und gehorsam du auf den ersten Blick zu sein scheinst, deine Küsse sind es nicht. Blas meinen Schwanz hart und dann reite mich.«

Sie grinste, als sie sich seinem Geschlecht widmete. Sie hatte so vieles gelernt, was diesem Mann gefiel. Lilly hatte sie für ihn abgerichtet und er hatte sie für sich zugeritten. Wie geschickt ihre Zunge war, wenn sie ihn leckte. Es brauchte auch gar nicht sehr große Fertigkeiten, um ihn noch einmal hart zu bekommen.

Er stöhnte, als sie sich über sein Geschlecht schob. Er liebte ihre Bewegungen, wenn er sich auf diese Weise mit ihr vereinigte. Sie beherrschte es in exquisiter Weise, ihre Scheide an ihm zu reiben. Zufrieden sah er, dass sie ihren Handrücken vor ihren Mund legte, und hineinbiss, um ihre Schreie zu unterdrücken, als er begann, von unten in sie hineinzustoßen. Es war ein wilder, hemmungsloser Ritt. Ihn so tief in ihrem Innersten zu spüren machte sie ebenso heiß, wie zu wissen, dass er ihre Bewegungen genoss und ebenso den Anblick ihrer tanzenden Brüste, die er nun packte und massierte.

»Keine Frau hat mich bis jetzt auf diese hemmungslose Weise geritten, wie du«, stöhnte er.

»Sie haben nicht, bei Lilly …«

Ein harter Stoß von unten brachte sie zum Schweigen. »Nicht bei Lilly, aber in einem anderen Bordell. Ein paar Frauen hatten es sich verdient. Sie waren gut. Du schlägst sie alle. Du bist die Beste.«

Sie wurde schneller, versuchte, ihn zum Höhepunkt zu bringen. Da packte er sie fest an ihren Hüften und hielt sie auf, bevor er sein Ziel erreichte.

»Knie dich vor mich und spreize deine Schenkel, Stella.«

Noch nie hatte er ihren kleinen Eingang benutzt. Heute wollte er es tun. Er würde alles von ihr nehmen. Nun, da sie ihm ihr Jawort gegeben hatte, musste er einfach alles von ihr besitzen.

»Ich bin vorbereitet«, sagte sie und nahm die Position ein, die er wünschte. Ja, ihr kleines Löchlein glänzte. Sie hatte Öl verwendet.

»Wo ist das Öl?«, wollte er wissen. Sie zeigte auf das Nachtkästchen. Er ergriff das Fläschchen, goss Öl über seine Finger und über ihre Po-Spalte und verteilte auch auf seinem Schwanz reichlich davon. Seine Finger dehnten ungeduldig diesen letzten Zugang.

»Du wirst mir alles geben«, verlangte er.

»Ja«, antwortete sie und drückte ihr Becken seinen Fingern entgegen. »Vier Finger sind kein Problem mehr für dich, Stella. Du wirst auch meinen Schwanz aufnehmen.«

Hatte er tatsächlich vier Finger in sie gedrückt?

Und dann wurde sie an dieser Stelle gedehnt. Stark gedehnt. Sie fühlte, dass seine Schwanzspitze sie penetrierte und den inneren Muskelring durchbohrte. Ihr Wimmern hielt ihn nicht auf, als er sich in sie drückte.

»In deiner Fotze zu stecken ist großartig. Aber dein kleines Arschloch übertrifft alles«, stöhnte er. Und dann spürte sie, dass seine Hoden ihren Po berührten. Das war ja so was von geil! Seine Hände hatten ihre Hüften gepackt, um sie stillzuhalten.

»Beweg dich nicht. Gewöhn dich erst an mich, Stella.« Seine Stimme klang angespannt.

Doch Stella konnte nicht stillhalten. Sie fühlte, dass Nässe aus ihrer Spalte tropfte und wollte seine Stöße spüren. Also drückte sie sich ihm entgegen. Mit einem Fluch schlug er auf ihre Pobacke und begann sich zu bewegen.

»Das geht nicht sanft«, gestand er mit zusammengebissenen Zähnen.

»Nicht… sanft«, keuchte sie.

Sein Tempo wurde atemberaubend rasch und immer wieder schlug er auf ihre Pobacken, während er sie rammte. »Meine kleine Hure, du gehörst mir«, keuchte er, während er sie hart fickte. Sein Sperma entlud sich in ihr und markierte auch diese Stelle als sein alleiniges Eigentum.

Er hielt sie fest, als er sich – noch immer mit ihr verbunden – auf das Bett fallen ließ.

»Morgen«, keuchte er.

»Morgen? Was ist morgen?«, fragte Stella, als sie zu Atem gekommen war. Sie wimmerte, als er sein Geschlecht aus ihrem Löchlein zog.

»Morgen, Stella, wirst du meine Frau. Du hast vorhin dein Jawort gegeben. Wage es nicht, es dir anders zu überlegen.«

»Ich will es mir doch gar nicht anders überlegen«, flüsterte sie.

»Gut. Dann ist es so. Morgen. Luna kann deine Trauzeugin sein.«

»Danke«, flüsterte sie.

»Freust du dich, dass deine Schwester hier ist?«, fragte er nach einer Pause.

»Ja.«

Er merkte, dass ihre Antwort zögerlich kam. »Stella. Sie ist ebenso schön, wie du. Jedoch weckt sie keineswegs mein Interesse. Sie ist anders als du. Du bist es, die ich will.«

»Wie anders?«

»Sie stellt Ansprüche.«

»Aber sie hat doch keine Ansprüche gestellt.« Stella versuchte, sich zu ihm zu drehen.

Er hielt sie in der Stellung, in der sie an ihn gedrückt lag. »Bleib!«

Sie gehorchte.

»Sie hat meine Verletzungen sehr genau betrachtet. Und sie fand mein Hinken abstoßend. Immer wieder hat sie den Blick abgewendet. Es ist mir bewusst, dass ich kein schöner Anblick bin. Sie reagiert, wie fast alle Menschen – und zieht sich von mir zurück.«

»Luna… sie ist vielleicht wirklich anders. Das kann sein. Aber sie ist sehr fleißig und sehr nett. Sie werden Sie mögen. Und als ich Sie zum ersten Mal gesehen habe, Georg…«, begann Stella.

»Da bist du erschrocken, Stella. Aber du hast dich nicht zurückgezogen. Du hast dich auf mich eingelassen.«

»Das war doch meine Aufgabe.«

»Das ist einer der Gründe, warum ich wollte, dass du diese Erziehung erhältst. Was hat Lilly dich gelehrt?«

Stella erinnerte sich genau und sie wusste, was er meinte. »Diese Männer, die zu uns kommen, sind oft Familienväter oder hochrangige Politiker. Oder es sind arme Kerle, die von der Natur oder vom Leben benachteiligt worden sind. Ich wünsche, dass ihr alle wie Könige behandelt.«

»Du hast das in dich aufgenommen. Bei dir brauchte ich also keine Angst davor zu haben, Abscheu in deinem Gesicht zu lesen, wenn ich mich dir nähere«, redete Georg weiter. »Außerdem genieße ich auch deine Begabung, mir Lust zu spenden. Oder denkst du, ein Mädchen aus gutem Haus würde mir ihr kleines Arschloch anbieten, damit ich es mit meinem Schwanz füllen kann?« Er lachte.

»Warum nicht? Vielleicht gibt es Mädchen aus gutem Haus, denen es ebenso gefällt? Und wenn sie Sie liebt?«

»Was redest du von Liebe?«

»Darf eine Hure nicht von Liebe reden?« Ihre Stimme war fast genauso schneidend wie seine.

»Denkst du wirklich, ein gut situiertes Mädchen würde das, was ich im Bett mit dir mache, alles akzeptieren? Ich müsste froh sein, wenn ich sie penetrieren kann, um sie zu schwängern. Dann würde sie keine Berührung mehr zulassen. Schon allein wegen meines Aussehens. Sie wäre in der Gesellschaft die Heldin und ich das Untier.«

»Ich denke nicht, dass wir etwas machen, was nicht in Ordnung ist. Es macht doch Freude.«

»Wirklich, Stella? Macht es dir Freude, wenn ich dich auf deinen prallen Po schlage - und wenn ich dein kleines Loch ficke? Gefällt es dir, wenn ich dich mit meinem Schwanz zum Würgen bringe? Ist es schön für dich, wenn ich deine Schenkel über meine Schulter lege, um dich so tief zu penetrieren, dass du bei jedem Stoß, mit dem ich dich in deinem Innersten berühre, zum Schreien bringe? Ist das so?«

Sie wusste, dass er sie herausforderte. Sie hörte es an seiner Stimme.

»Es ist aufregend, Georg. Diese Dinge machen mich an. Ich

fühle, dass meine Nässe aus mir herausquillt, während ich sie mit meinem Mund bediene. Tief gefickt zu werden, gefällt mir. Es bringt mich schnell zum Höhepunkt. Und Ihr Mund und Ihre Finger… Meine Freundinnen haben Ihre Fertigkeiten gelobt und sie hatten recht. Es ist befriedigend, mit Ihnen die Nächte zu verbringen. Und auch die Tage. Ich habe wenig persönliche Erfahrung mit Männern – und doch, ich würde es nicht anders wollen. Es wäre mir nicht möglich, Ihnen vorzuspielen, dass es mir gefällt, wenn es nicht so ist.«

»Na ja, hättest du andere Männer bedient, wäre das vielleicht auch so.«

»Nein.« Ihre Antwort kam rasch.

»Vielleicht wären manche sanfter als ich. Ich weiß, dass meine Lust hart ist, Stella.«

»Ich … mir vorzustellen, dass mich jemand anders berührt als Sie, ist mir einfach unmöglich. Sie haben mich irgendwie ›berufsunfähig‹ gemacht. Seit ich hier bin, fürchtete ich den Tag, an dem Sie mich zurückbringen würden. Ich werde keinen anderen Mann mehr ertragen. Lilly könnte mich nicht einsetzen.«

»Hast du deshalb meinen Antrag angenommen? Lieber von mir im Bett gequält zu werden, als andere Männer ertragen zu müssen?«

»So ist es nicht, obwohl, ganz ausschließen kann ich es nicht. Ihr Antrag bewahrt mich davor, bei Lilly arbeiten zu müssen. Aber Sie hatten mir auch gesagt, Sie würden mich nicht mehr zurückschicken. Ich glaubte Ihnen. Also, ich denke, es war nicht der Punkt, warum ich angenommen habe. Mir gefällt es, bei Ihnen zu sein. Wenn Sie sagen, dass Ihre Lust rau ist, dann gefällt mir Ihre Lust. Vielleicht ist meine Lust ebenso wild. Vielleicht ergänzen wir uns darin? Aber mit einem Menschen zu leben, bedeutet doch nicht nur, eine gute Übereinstimmung im Bett zu haben. Sie sind fair. Es ist angenehm, mit Ihnen Gespräche zu führen. Sie haben Humor… jedenfalls glaube ich das.«

»Ich bin nicht humorvoll«, grollte George. Jetzt ließ er es zu, dass sie sich umdrehte.

»Georg gut gelaunt«, sagte sie und machte ein missmutiges Gesicht. »Georg schlecht gelaunt«, sprach sie weiter und machte wieder das gleiche Gesicht.

»Georg fröhlich.« Sie wiederholte das missmutige Gesicht. »Georg humorvoll.« Wieder schnitt sie diese Grimasse.

Er starrte sie an.

»Wie sieht Georg wütend aus?«, fragte er nach einer kleinen Pause.

Stella leckte sich ihre Lippen. War er jetzt wütend? »Ich glaub, das bekomme ich nicht hin.«

Und dann tat er etwas, was sie nie erwartet hätte. Er ließ sich nach hinten auf den Rücken fallen, warf den Kopf zurück und lachte. Dann richtete er sich auf und begann, sie zu kitzeln. »Du machst dich über mich lustig.«

Stella quietschte und versuchte, ihm zu entkommen. Aber er unterwarf sie und setzte sich rittlings auf sie.

Ihre Arme hielt er an den Händen an beiden Seiten ihres Kopfes fest. »Meine kleine Hure hat also ihre Angst verloren und beginnt, Scherze mit mir zu treiben«, stellte er fest.

»Also…« Wieder benetzte sie ihre trockenen Lippen. Er musste ihr etwas zu trinken holen, fiel ihm auf.

»Ja?«

»Also, man könnte das vorhin durchaus als Scherz bezeichnen«, gab sie zu.

»Weißt du, keiner wagt es, über mich Witze zu machen«, sagte er leise. »Außer du.«

»Ist das gut oder schlecht?«, fragte sie nach.

»Es gefällt mir, Stella. Genau so, wie du mir immer besser

gefällst.«

»Das ist gut. Es gefällt mir nämlich auch immer besser, bei Ihnen zu sein.«

»Tut es das?« Sie hörte, dass er lächelte. »Das ist gut, Stella. Das ist wirklich gut.«

Er küsste sie zärtlich – dann stand er auf und brachte ihr ein Glas mit Wasser. »Trink, du bist durstig.«

Stella trank das Glas leer und er stellte es auf das kleine Kästchen neben dem Bett. Er kam zurück zu ihr ins Bett, legte sich neben sie, um sie an sich zu ziehen und fest in seinen Armen zu halten.

Es schien ganz so, als wäre es keine Verpflichtung für sie, ihn zu heiraten.

Stella unterbrach die Stille. »Was bin ich in der Gesellschaft, wenn ich Ihre Frau sein werde?« Jetzt war ihre Stimme wieder leise.

»Du bist eine Schönheit an meiner Seite. Man wird sich fragen, woher du kommst. Aber ich werde ein Geheimnis daraus machen.«

»Aber Sie verkaufen doch die Karten mit den Aufnahmen von mir in sehr eindeutiger Position. Es wird bekannt werden, woher ich komme.«

»Man wird schweigen. Niemand wird dich beleidigen, Stella.«

»Es ist mir egal, was die Menschen sagen. Wenn ich bei Ihnen sein kann, ist das alles, was ich mir wünsche.«

»Das ist wirklich, wirklich gut, dass du gern bei mir bist, mein Stern.«

Er hörte, dass ihre Atemzüge langsamer wurden und er spürte, dass sie sich entspannte. Es war wunderbar, sie im Arm zu halten. Es fühlte sich alles so richtig an.

Noch immer war er überrascht, dass sie über ihn gescherzt hatte. Ob er ihr dafür nicht doch ihren entzückenden kleinen

Arsch versohlen sollte? Es würde ihm gefallen. Fünf feste Hiebe? Nein, besser zehn, nicht ganz so feste. Das konnte er länger auskosten. Ein leises Lachen drang aus seiner Kehle. Sie hatte ihn zum Lachen gebracht.

Okay, zehn Hiebe und zwei Daumen im Arschloch, wenn er sie das nächste Mal von hinten fickte. Bei der Vorstellung wurde er hart. Genau in diesem Moment bemerkte er, dass Stella in seinen Armen eingeschlafen war.

***

Die Hochzeit fand tatsächlich am nächsten Tag statt. Stella, ihre Tante und Luna hatten neue Kleider bekommen. Stella trug ein weißes Kleid. Sowohl der Priester als auch der Standesbeamte waren ins Haus gekommen. Georg musste tatsächlich sehr einflussreich sein.

Luna war die Trauzeugin ihrer Schwester und Georgs Trauzeuge war Samuel, dem die Augen aus dem Kopf fielen, als er erkannte, dass Stella eine Zwillingsschwester hatte. Georg, der sich sehr überzeugend auf seinem Gehstock stützte, schien sehr zufrieden zu sein. Stella nahm sich vor, ihn später danach zu fragen, warum er die Leute täuschte. Er war weit weniger invalid, als er die Menschen glauben ließ.

Die Trauung war kurz. So kurz, dass sich Stella kaum auf die Reden konzentrieren konnte. War sie nun tatsächlich die Ehefrau dieses Mannes, der sie aus dem Bordell gekauft hatte, damit …

Ja, wozu eigentlich?

Dass er seine Hure zu Hause hatte, und sich den Weg in Lillys Etablissement sparte?

War sie mehr als nur sein Sexspielzeug?

Der Pfarrer stellte soeben Fragen an sie.

»Stella, willst du Georg lieben und achten und ihm die Treue halten, alle Tage deines Lebens, in guten und in bösen Tagen?«

Liebte sie ihn? Ja, wurde ihr bewusst. Sie liebte ihn. Nicht, weil er sie vor all dem gerettet hatte, was ihr im Etablissement widerfahren wäre. Sie liebte ihn, weil er war, wie er war. Sie liebte, wie er redete, wie er sie anschaute, wie er sie forderte. Seine Berührungen. Sie liebte es, bei ihm zu sein.

»Ich will«, sagte sie und registrierte, dass alle sie anstarrten.

»Wollt ihr, die Kinder, die Gott euch schenken wird, in euren Bund aufnehmen und ihnen ein Heim und eine Erziehung geben?«

Stella sah auf. Kinder? Darüber hatten sie noch nie gesprochen. Sie war jetzt seit Wochen in diesem Haus und jede Nacht war sie bei ihm gelegen. Keine einzige Nacht hatte er es ausgelassen, sie zur Stillung seiner Lust zu benutzen. Jede Nacht hatte er in ihre Scheide ejakuliert. Jede Nacht, seit Wochen und Monaten.

»Ja, natürlich«, sagte sie leise, weil es von ihr erwartet wurde.

»Ich will ihnen ein Heim, eine gute Erziehung, eine gute Ausbildung und alles geben, was sie brauchen werden, um für ein gutes Leben gerüstet zu sein«, sagte Georg feierlich.

Stella erkannte, dass er es wusste. Sie war schwanger mit seinem Kind. Und er hatte es sich so gewünscht. Er hatte es nicht mit ihr besprochen. Er hatte ihren Körper gemietet – auch dafür.

»Georg, du darfst deine Braut jetzt küssen«, sagte der Pfarrer.

Georg drehte sie zu sich und lächelte sie an, bevor er sie sanft auf die Lippen küsste.

Es gab Glückwünsche und der Butler bat zur Tafel.

Stella saß neben Georg und ihr gegenüber saßen Luna neben Tante Marie und Samuel, der gegenüber seines Freundes Platz genommen hatte. Der Pfarrer und der Standesbeamte fanden ebenfalls Platz neben Samuel und Luna. Es wurde gescherzt und gelacht und Stella gab sich Mühe, ihre Entdeckung nicht preiszugeben.

Tante Marie erzählte Geschichten von den Mädchen, als sie klein waren, und Stella genoss Erinnerungen an eine Zeit, die sie längst vergessen hatte. Sie stellte fest, dass Luna sich noch immer sehr um ihre Tante kümmerte, aber etwas war anders. Sie wirkte selbstständiger. Nein, das stimmte nicht. Sie wirkte selbstbewusster als früher.

Erst verabschiedete sich der Pfarrer, später der Standesbeamte.

»Es ist spät, und wir sollten die Zeit der Brautleute nicht übermäßig beanspruchen. Bei uns auf dem Land ist es Brauch, dass die Braut von ihrer Brautjungfer ins Bett gebracht wird«, begann Luna und erhob sich. »Lieber Georg, ich werde sie für dich vorbereiten.«

Damit ging sie zu Stella und half ihr aufzustehen.

»Aber ich weiß doch gar nicht, ob…« Stella sah zu Georg.

»Gut«, sagte Georg und grinste. »Ich gebe dir genau…. Fünfzehn Minuten. Ab jetzt.«

»Das ist doch zu wenig Zeit«, beschwerte sich Luna.

»Es wird wohl reichen«, erwiderte Tante Marie lächelnd. »Immerhin wird Stella die Nacht wahrscheinlich lieber mit Georg und nicht mit dir verbringen wollen.«

Jetzt lachten alle.

Stella ging mit Luna in ihr Gästezimmer.

»Zieh dich aus, Schwester«, sagte Luna mit einem Lächeln. »Komm, rasch, wasch dich und leg dich dann aufs Bett.«

Stella entkleidete sich und wusch sich an der Waschschüssel.

»Du stehst in einem guten Stall, Stella. Du bist ein wenig dicker geworden.« Luna lachte wieder.

Stella zwang sich, nicht an ihren Bauch zu greifen. Sie wollte ihre Vermutung noch nicht preisgeben.

»Oh, du bist rasiert. Das finde ich sehr schön. Wer hat dich auf die Idee gebracht?«

»Eine Freundin.«

»Bist du nass?«

»Bitte?« Stella starrte ihre Schwester an.

»Ich war, seit du weg warst, vier Mal Brautjungfer und ich habe meine Aufgabe immer gut erfüllt.« Luna schien stolz zu sein auf diese Leistung.

»Welche Aufgabe?« Stella verstand nicht.

»Leg dich hin, meine liebe Stella. Du bist so süß.«

Stella legte sich hin.

»So, jetzt schau. Ich habe hier einen besonderen Schmuck.«

Stella staunte nicht schlecht, als Luna Intimschmuck aus ihrer Kleidertasche zauberte.

»Ein Mann will rasch an sein Ziel kommen. Auch in der Brautnacht. Er wird mit seinem Ding zwischen den Beinen in dein kleines Loch fahren. Das ist nur am Anfang unangenehm. Aber wenn du gut vorbereitet bist, dann wird es gut gehen.« Stella starrte auf ihre Schwester, die locker vor sich dahin plauderte.

Sie griff nach Stellas Nippel und zog sie etwas in die Länge, bevor sie an jede eine kleine Klemme setzte, verbunden mit einer Kette.

»Schön, du siehst zum Anbeißen aus.«

Stella stöhnte auf. Der Schmerz war angenehm. Ob es Georg gefallen wird, sie so zu sehen?

Luna arbeitete schnell. Sie verpasste Stellas Klitoris, die sie geschickt aus der Falte schälte, ebenfalls eine Klemme. Auf dieser glänzte ein Edelstein. Als Letztes drückte sie einen kleinen Analplug in ihren Anus, was Stella zu einem kleinen Aufschrei veranlasste.

»Ja, das sieht gut aus. Und jetzt mach ich dich noch ein wenig nass. Georg wird gleich hier sein. Ich habe nicht viel Zeit.«

Luna beugte sich über ihre Spalte und begann sie zu lecken. »Stella, sei nicht so angespannt. Komm, das wird Georg heute auch machen.« Luna leckte hingebungsvoll und fingerte sie, bis sie fühlte, dass Stella nass wurde.

»Was machst du da?«

Stella schrie auf, als sie Georgs Stimme hörte. Er stand in der Tür und trug einen Morgenmantel. Rasch ging er ins Zimmer und schloss die Tür hinter sich.

»Sie ist nass genug für dich, Georg.« Rasch nahm sie ein Fläschchen und schüttete ein wenig von dem Inhalt in Stellas Scheide. Das Brennen setzte sofort ein. Stella stöhnte auf und massierte sich ihren Scheideneingang, um das Brennen zu lindern.

»Wenn du genug Saft gebildet hast, lässt es nach«, versprach Luna und ging zur Tür.

»Keine Angst, Stella, alles ist gut«, sagte Luna zu ihrer Schwester. An der Tür blieb sie noch einmal stehen. »Gute Nacht!«

Georg starrte ihr nach. »Sag, Stella, hat dich deine Schwester gerade gefingert?«

»Ja, Georg. Sie hat mich gefingert und geleckt und für Sie verziert.«

»Woher weiß sie das alles?« Georg war ehrlich erstaunt.

»Ich weiß es nicht. Ich werde sie morgen fragen.«

»Und warum, meine schöne Stella, warst du nicht nass für mich?« Georg kam zu ihr und half ihr, aufzustehen. Bewunderung lag in seinen Augen, als er die Klemmen sah.

»Ich war irritiert, dass sie mich auf diese spezielle Weise für die Hochzeitsnacht vorbereitete«, gab Stella zu.

»Du wirst die heutige Nacht in meinem Zimmer verbringen, Stella. Und jede weitere Nacht auch. Heute bist du vor der ganzen Welt zu meinem Besitz geworden. Als meine Frau hast du die Pflicht, bei mir zu liegen.«

»Ich liege gern bei Ihnen«, stellte Stella klar.

»Es ist Zeit, dass du mich duzt«, verlangte er.

Sie nickte.

»Komm«, verlangte er und ging mit ihr zur Tür.

»Nackt?«

»Ja«, grinste er. »So, wie ich es will.«

»Aber…«

»Samuel wird Luna aufhalten.«

Stella blickte Georg in die Augen. Er wünschte sich, sie nackt über die gesamte Ganglänge in sein Gemach zu führen.

Wollte sie das? Ja, gestand sie sich ein. Es war aufregend.

»Ich folge dir überall hin«, sagte sie.

»Nimm den Mund nicht so voll, Stella. Sonst bring ich dich in den Salon.« Er lachte über ihren Gesichtsausdruck.

Dann öffnete er die Tür und trat durch. Dabei zog er sie mit sich.

Zusammen durchschritten sie die ganze Länge des Ganges.

Er öffnete die Tür zu seinem Schlafzimmer weit. »Willkommen zu Hause, Stella.«

Sie trat ein und ging in den Raum, jedoch nicht zum Bett.

Er trat zu ihr und sie öffnete seinen Morgenmantel. Darunter war auch er nackt. Dezentes Licht beleuchtete den Raum und sie bewunderte seinen Körper, der ihr längst vertraut war.

»Du bist ein schöner Mann.«

»Lüg mich nie an. Niemals. Hörst du?«, knurrte er und packte sie an beiden Oberarmen.

»Du gefällst mir aber «, widersprach sie. »Und ich lüge nicht.«

»Stella, du bist einfältig.«

Sein Zorn war noch hörbar.

Sie kniete sich vor ihn und nahm seine Erektion in den Mund.

»Möchtest du mich besänftigen?«, fragte er sie.

»Warum nicht? Kann ich deinen Zorn damit verschwinden lassen?«

Scharf zog er die Luft ein. »Meine wunderschöne Stella in der Hochzeitsnacht. Zeig mir, was du kannst.«

Sie leckte seinen langen Schwanz entlang. Immer wieder küsste sie seine Eichel und leckte auch über das Bändchen an der Unterseite. Ja, sie wusste, was er wollte.

»Mach ihn schön nass, Stella. Ja.« Er packte mit beiden Händen ihr Haar und dirigierte ihren Kopf, bevor er begann, sie in den Mund zu ficken. Sie machte es perfekt. Obwohl sie an ihm saugte, verstand sie es, ihn gleichzeitig mit ihrer Zunge zu streicheln. Das konnte kein Mann lange aushalten. Er stöhnte auf, bevor er in ihren Mund ejakulierte.

»Trink das«, befahl er. Sie schluckte alles, was er ihr gab. Zufrieden sah er auf sie herab, als er sich aus ihrem Mund zurückzog.

»Du schaust so schön aus, wenn ich dich auf diese Weise benutzt habe. Weißt du, dass man es sehen kann, wenn du meinen Schwanz auf diese Weise verwöhnt hast? Deine Lippen sind angeschwollen. Es braucht nicht viel Fantasie, um zu erraten, wie es dazu kam.« Er lachte leise und streichelte über ihre Wange. »Komm mit mir zum Bett, wir haben noch eine kleine Rechnung offen.«

Sie kam mit ihm. Georg setzte sich auf sein Bett und gab ihr ein Zeichen, sich über seine Oberschenkel zu legen.

»Willst… willst du mich bestrafen?«

»Ja.«

»Habe ich dich so sehr verärgert?«

»Nein. Du warst nur ein wenig frech.«

Stella grinste jetzt auch. »Gestern Nacht?«

Er nickte. »Willst du zehn Schläge auf deinen geilen Arsch dafür?«

»Ja.«

»Ja?« Georg war verblüfft. »Wirklich?«

»Ja.« Stella nickte. »Silvy hat mich ein paar Mal… Es hat mich immer geil gemacht.«

»Komm.«

»Mit den Klemmen wird es vielleicht ein wenig weh tun.«

»Das gefällt mir, Stella. Ich werde schnell sein.« Aber er achtete darauf, dass die Klemmen nicht drückten. Er öffnete ihre Schenkel und streichelte verträumt über ihre Pobacken.

»Sie hat dir auch einen Analplug verpasst«, stellte er mit einem Lachen fest.

»Ja.«

Fünf rasche, aber harte Schläge röteten ihre Pobacken. Sie schrie nicht, obwohl ihr die Schläge zusetzten.

»Brave Stella. Noch einmal das Gleiche und du hast es geschafft.«

Bei diesen fünf Schlägen stöhnte sie. Georg ließ seine große Handfläche auf ihre geröteten Backen prallen und streichelte sie sofort, um den Schmerz zu mildern.

»Und nun, meine Schöne, ist es an mir, dir Freude zu bescheren.« Georg schob sie rücklings auf das Bett und beugte sich über sie, um sie zu küssen. Dass sie so leidenschaftlich darauf antwortete, gefiel ihm.

Zig zärtliche Küsse bedeckten ihr Gesicht. Sein Mund wanderte über ihr Kinn und über ihren Hals zu ihren Schultern, die er abwechselnd ebenfalls mit Küssen bedeckte.

»Ich brauche dich tiefer«, murmelte Stella.

»Ich weiß.« Er grinste sie an und senkte seinen Mund auf ihre Brüste. Oh ja, sie mochte seine Zunge, die mit ihren Nippeln spielten. Seine Hände waren im Unterschied zu seinen Lippen, nicht zärtlich. Dieser Kontrast fühlte sich aufregend an. Sein Griff war nahe der für sie tolerierbaren Schmerzgrenze und seine Küsse blieben hauchzart.

Sie stöhnte.

»Meine schöne, geile Stella, deine Brüste sind perfekt.« Zufrieden beobachtete er ihre Unruhe. »Du bist nass.«

»Ja.«

Sein Mund glitt über ihren Bauch zu ihrer Klitoris. Sofort spreizte sie ihre Schenkel. Das Vibrieren seines Lachens an ihrem Lustknopf war ebenso erregend, wie sein unvergleichlicher Zungenschlag. Sie war nah an ihrem Orgasmus. Georg drückte drei Finger in ihre Grotte und begann sie rhythmisch zu bewegen. Die Geräusche, die dabei entstanden, machten ihn hart. Diese verräterischen, schmatzenden Geräusche, die verrieten, wie nass sie war. Es würde leicht sein, sein großes Geschlecht in sie zu tauchen.

»Willst du meinen Schwanz, Stella?«, fragte er mit heiserer Stimme.

»Ja, bitte, Georg. Fick mich mit deinem geilen Schwanz.« Stellas Scheidenmuskulatur krampfte um seine Finger.

»Streichle meine Finger mit deinen inneren Muskeln, Stella. Ja. Sehr schön. Du bist sehr kräftig. Wenn mein Schwanz in dir ist, möchte ich, dass du ihn ebenso streichelst. Die ganze Zeit.«

»Bitte«, jammerte sie.

Er fickte sie nun rascher mit seinen Fingern. »Vergiss nicht, schön streicheln.«

Langsam zog er seine Finger aus ihrer Enge. Er sah ihr in die Augen, als er jeden einzelnen Finger langsam ableckte.

»Bitte«, wimmerte Stella.

»Stella, meine wunderschöne Frau, ich möchte, dass du mich jetzt reitest.«

Stella richtete sich auf und krabbelte über seinen Schoß. Rasch leckte sie über seine Eichel und speichelte sie ein.

Sein Blick hielt den ihren fest, als sie sich ganz langsam auf ihn schob. Ihre anfänglichen Drehbewegungen ließen ihn ebenso stöhnen, wie sie selbst.

»Zeig mir, in welche Schule du gegangen bist, meine Stella.«

Und Stella legte los. Sie ritt ihn, wie sie ihn noch nie geritten hatte. Und er unterstützte sie mit harten Stößen von unten.

Plötzlich rollte er sie auf den Rücken und sich auf sie. Ihre Schenkel zog er nach oben, sodass die Knie über ihren Schultern aufs Bett gedrückt wurden. Dabei war ihm bewusst, dass die Klemmen sie jetzt quälten.

»Ich will deine Schreie hören«, befahl er. Dann fickte er sie. Wild und zügellos. Und Stella tat ihm den Gefallen – sie schrie bei jedem tiefen Stoß auf.

Als er sich mit einem lang gezogenen Schrei in ihrer Grotte ergoss, hatte Stella kein Gefühl mehr für Raum und Zeit. Sie war nur da, um von Georg auf diese Weise gefickt zu werden. Sie hatte keine Ahnung, ob sich die Welt noch drehte. Es war völlig belanglos. Es gab nur diesen wunderbaren Mann, der sie bis zur Besinnungslosigkeit fickte, und sie, das Ziel seiner heißen Lust. Total erschöpft blieb sie liegen, als er sich aus ihr zurückzog und ihre Beine freigab. Als Stella die Beine in Normalposition brachte, gelang es ihr, nicht zu jammern.

»Das war echt gut.« Er streichelte ihren Körper.

Es war irgendwie ein heiserer Hauch, der ähnlich wie ein »Ja« klang, der aus ihrem Mund kam.

»Stella, ich muss die Klemmen abnehmen, sonst richten sie Schaden an.«

Sie nickte und wartete darauf, dass er die Klemmen abnahm. Seine Hände und seine Lippen linderten die Schmerzen, die das Abnehmen verursachte. Dann legte er sich zu ihr ins Bett und deckte sie beide zu.

»Du warst – wie immer – wundervoll«, flüsterte er ihr zu.

Aber sie war eingeschlafen. Und wieder einmal hielt er sie fest und war sicher, dass sie genau am richtigen Platz war.

***

Der Morgen begann turbulent. Der Butler verständigte Georg und Stella, dass es der Tante nicht gut ging. Georg ließ nach dem Arzt rufen. Dass auch Samuel in dieser Aufregung plötzlich da war, schien niemand zu bemerken.

Stella sah fragend zu Georg und der grinste bis über beide Ohren.

Der Arzt stellte fest, dass die Herzkrankheit der Tante ein gefährliches Stadium erreicht hatte und nicht länger unbehandelt bleiben durfte. Er wies Tante Marie in ein Sanatorium ein. Georg versprach, die Kosten dafür zu übernehmen.

»Das kann ich nicht annehmen«, sagte die alternde Frau.

»Es wäre mir eine Ehre, liebe Tante Marie«, entgegnete Georg. »Sie haben doch meiner lieben Stella viel Gutes getan.«

»Ich war viel zu schwach«, protestierte die Tante.

Georg nahm sie zur Seite. »Er hat sie geschlagen?«

Sie nickte.

»Sie waren nie schwach. Sie waren körperlich nur nicht so stark wie er.« Er verbeugte sich.

Der Butler übernahm es, Tante Marie zum Sanatorium zu bringen.

So verlief der Vormittag ein wenig traurig. Aber Stella war froh, dass ihre Tante nun endlich die richtige Behandlung erhielt.

Stella ging mit ihrer Schwester in den Salon, während Samuel mit Georg das Arbeitszimmer aufsuchte.

Georg kam gleich zum Thema. »Du bist im Haus geblieben?«

»Ich habe Luna ein wenig näher kennengelernt«, gab Samuel zu.

»Wollte sie das?«

»Oh, sie ist kein Kind von Traurigkeit. Und sie hat eine Menge Erfahrung mitgebracht.«

Jetzt war es an Georg, erstaunt zu sein. »Hat sie das?«

Samuel grinste. »Sie ist ebenso schön wie Stella. Aber sie weiß auch, was sie will. Ich bin verrückt nach ihr.«

Das verstand Georg. Auch er war verrückt nach Stella.

»Hast du etwas dagegen, wenn ich sie in mein Haus einlade und ihr ein wenig die Stadt zeige?«

»Nur wenn sie das will«, stellte Georg die Bedingung.

***

»Du schaust sehr zufrieden aus«, stellte Luna fest.

Stella grinste verträumt. »Es war eine schöne Nacht.«

»Du bist süß, Schwesterchen. Noch so unverdorben.« Luna kicherte.

»Ach ja, woher wusstest du … also… als Brautjungfer… Dein Wissen war keineswegs so unschuldig.«

»Stella, du hast es nie bemerkt, oder?«

»Was gemerkt?«

Luna grinste. »Ich hatte schon länger eine sehr intensive Freundschaft mit dem Hans.«

»Wie… intensive Freundschaft? Mit dem Hans? Unserem Knecht?«

»Ja. Genau mit dem Hans. Er hat mir gezeigt, wie das ist, zwischen Mann und Frau. Und wie man sich dagegen schützt, schwanger zu werden.« Sie lachte über Stellas Gesichtsausdruck.

»Frank hat ihn sehr dabei unterstützt.«

»Du hast auch eine intensive Freundschaft mit Frank gehabt?« Frank war der Knecht des Nachbarhofes.

»Sie sind wirkliche Prachtmänner. Und sie haben mir gezeigt, dass das Leben sehr schön sein kann.«

»Das hat mir Georg auch gezeigt«, antwortete Stella.

»Hast du keine Angst vor ihm?«

»Angst? Vor Georg? Nein, Luna. Er ist herzensgut.«

»Er schaut dunkel aus. Und mit dem Stock… Ich weiß nicht…«

Stella sah ihre Schwester an. Georg hatte recht. Sie sah ihn ihm als Erstes den Invaliden. »Aber das ist doch unwichtig. Der Stock hilft ihm beim Gehen.«

»Und seine Narben.« Luna schüttelte langsam den Kopf.

»So viele hat er doch gar nicht. Ich finde ihn … schön, auf seine Art.« Stella lächelte, als erinnere sie sich an etwas aus der vergangenen Nacht.

»Stella, kannst du ihn jemals lieben?«, fragte Luna.

»Luna, ich liebe ihn von ganzem Herzen. Ich kann mir keinen anderen Mann an meiner Seite vorstellen. Ich würde keinen anderen wollen.«

»Niedlich, dass du das sagst. Es sieht fast so aus, als würdest du das selbst glauben.«

»Das ist die Wahrheit, Luna. Hör bitte auf, das infrage zu stellen.«

»Wie dem auch sei.« Luna stand auf und ging umher. »Ich habe heute Samuel vernascht. Hast du kein Auge auf ihn geworfen?«

»Du hast Samuel … Du hast mit ihm geschlafen?«

»Geschlafen haben wir wenig. Er hat einen sehr standfesten Freund in seiner Hose.« Luna lachte. »Stella, du bist so ein braves Sternchen.«

»Da irrst du dich. Ich bin längst nicht so unerfahren, wie du glaubst. Aber Georg ist mein Traummann. Daran solltest du nicht zweifeln.«

Stella war in ihren Gedanken versunken, als mehrere Dinge zur gleichen Zeit passierten.

Georg und Samuel standen im Raum und grinsten.

Und Luna stieß einen Schrei aus. Sie hatte die kleine Holzschachtel geöffnet, die auf dem Seitenschrank stand und darin die Postkarten entdeckt, für die Stella Motiv gestanden hatte.

»Nein, ist nicht wahr!« Luna lachte. »Stella, bist das du?«

Georg trat zu ihr und nahm ihr die Karten aus der Hand. »Es ist nicht sehr höflich, hier herumzustöbern. Darf ich?«

Luna gab ihm die Karten.

Er packte sie zurück und stellte die Schachtel wieder auf den Platz. Dann stützte er sich auf seinen Stock. »Wollen wir uns nicht setzen?«

»Stella hat Modell gesessen für diese Bilder?«

»Ja«, antwortete Stella ruhig.

»Du warst heute Nacht keine Jungfrau mehr? Ich meine in der Hochzeitsnacht?«

»Nein.« Jetzt grinste Stella.

»Du bist ein verdammt geiles Mädchen, Schwester«, kicherte Luna.

»Das gebe ich gern zurück.« Stella zwinkerte ihrer Schwester zu.

»Also kommen wir auf den Punkt. Samuel erzählte mir, dass er dich in sein Stadthaus einladen möchte, um dir die Stadt zu zeigen. Möchtest du das?«

»Und ob. Wenn er mich in seinem Haus auch ein wenig in sein Schlafzimmer lässt, ist alles geritzt«, sagte Luna.

Samuel lachte. »Du wirst in den ersten beiden Tagen aus dem Schlafzimmer gar nicht herauskommen, so schaut es aus.«

»Das kling verlockend. Bin dabei.« Luna grinste.

»Ich würde dich auch gern malen«, fügte Samuel hinzu.

»So schöne Bilder wie von Stella? Ja, das gefällt mir.«

»Ich fürchte, du wirst länger bei mir bleiben müssen, als nur ein paar Tage.« Samuel ging zu Luna. »Magst du packen? Ich möchte in einer halben Stunde aufbrechen.«

»Ich bin in zehn Minuten fertig. Habe ja nicht viel mitgebracht.«

Sie stand auf und ging zur Tür. Dort drehte sie sich um. »Ist das in Ordnung für dich, Stella?«

»Ja, sicher.«

Es dauerte noch eine Stunde, dann waren Samuel und Luna abgereist.

Georg kehrte – nachdem sie die beiden verabschiedet hatten – in den Salon zurück.

Während Stella sich ihrer Stickerei widmete, blätterte Georg die Zeitung durch.

»Der Butler ist noch unterwegs mit deiner Tante, meiner Köchin habe ich frei gegeben. Was hältst du davon, wenn ich meine wunderschöne Ehefrau zum Essen in ein Restaurant einlade?«, fragte Georg.

»Ich bin gar nicht hungrig. Ich kann dir aber gern etwas kochen, Georg.«

»Du möchtest für mich kochen?«

»Es sind Kartoffel im Keller. Ich hole welche und…«, schlug sie vor.

»Kommt nicht infrage. Keine schweren Arbeiten in deinem Zustand«, sagte er streng.

Stella stand auf und ging unruhig umher. »Woher weißt du, dass ich schwanger bin?«

»Sagen wir einmal, ich kenne dich schon ein kleines Bisschen, mein Sternchen.«

Sie hielt inne und sah ihn an. »Verschieben wir das Essen im Restaurant auf den Abend?«

»Ein sehr guter Vorschlag. Und wie willst du dir die Zeit bis dahin vertreiben?« Wie süß sie war, wenn sie auf ihre Lippen biss.

»Können wir reden?«

Sie holte Luft und machte kurz die Augen zu, während sie die Frage stellte, die in ihr brannte. »Denkst du auch, dass ich wirklich schwanger bin? Ich denke, dass es nicht mehr auszuschließen ist. Wie viele Wochen bin ich bei dir? Wir haben keine Nacht ausgelassen – aber ich hatte nie meine Tage.

Hast du mich deshalb geheiratet?« Sie hatte sich nun zu ihm gedreht und sah ihn an.

»Rein emotional betrachtet, wäre das eine Sache, die mich sehr glücklich machen würde, Stella. Rein mathematisch betrachtet, denke ich, die Frage auf jeden Fall mit Ja beantworten zu müssen, da ich dich jetzt über Wochen hindurch jede Nacht gefickt habe. Medizinisch gesehen, ist mir aufgefallen, dass du nie deine Blutung bekommen hast. Ich habe bei Lilly nachgefragt und sie hat mir bestätigt, dass deine Tage regelmäßig eingesetzt haben. Rein männlich betrachtet erfüllt es mich mit großem Stolz, dass ich dich in den ersten Nächten, die du bei mir gewesen bist, zur Mutter meines ersten Kindes gemacht habe. Also ja, ich komme aus dem gleichen Grund auf den gleichen Schluss, du bist schwanger.«

Stella nahm ihre Wanderung wieder auf. »Hast du mich deshalb geheiratet? Um dein Kind zu legitimieren?«

Georg wog seine Worte sorgfältig ab. »Der Punkt, an dem ich dich heiraten wollte, Stella, liegt Monate zurück. Wenn du es willst, bringe ich dich zu Lilly, damit du sie fragen kannst, ob das, was ich dir jetzt sage, der Wahrheit entspricht.« Es entstand eine kleine Pause. »Als ich sah, wie du in Lillys Etablissement gebracht worden bist, habe ich Lilly gesagt, dass – egal, wer dich gebracht haben mag, ich ab diesem Moment meine schützende Hand über dich gelegt habe. Da ich mich bis jetzt diesem Etablissement gegenüber sehr wohlmeinend verhalten habe, wurde ich von Lilly ernst genommen. Ich wurde zufällig Zeuge, wie du in das Haus gebracht worden bist. Ein Blick auf dich und ich wusste, dass du mir gehören musstest. Mir – für immer. Ich teilte Lilly mit, dass mein Interesse an dir sehr groß war. Und sie verstand. Sie erzog dich, so wie ich es wünschte. Und als ich dich für einige Zeit ›gemietet‹ habe, wusste Lilly, dass ich dich für den Betrag, den ich ihr für diese

Miete überließ, nie mehr zurückbringen würde. Schon in den ersten Nächten hier wurde mir klar, dass ich dich für immer in meinem Haus haben wollte.«

»Aber du wolltest eine ... persönliche Hure für zu Hause. Das hat dir Lilly geliefert.«

»Stella, ich war leider nicht in der Position, an die Türen gutbürgerlicher Familien zu klopfen und um die Hand einer ihrer Töchter anzuhalten. Ich habe es versucht. Aber man hat mich nicht erhört. Also bin ich in gewisse Etablissements gegangen. Aber diese vorgespielte Bedienung widerte mich an. Dennoch mochte ich es, mit den Mädchen zu spielen. Mir kam schon in den Sinn, dass es vielleicht eines dieser Mädchen sein könnte, mit der ich meine Nachkommen zeugen würde. Aber ich war auch wählerisch. Und dann kamst du. Als Kunstsammler bewunderte ich deine Schönheit und als Mann begehrte ich dich rasend – vom ersten Augenblick, als ich dich sah. Mir war bewusst, dass es dir gegenüber unfair war, dich in mein Bett zu zwingen. Und doch musstest du es sein, die ich besitzen wollte. Ich hatte eine kleine Chance, dich zu bekommen. Und ich nutzte sie.«

Stella stand im Salon und dachte über seine Worte nach. Sie glaubte ihm.

»Ist es für dich schlimm, so wie es gekommen ist?« Plötzlich stand er neben ihr.

Sie schrak auf, aber sie wich nicht vor ihm zurück. Seine Hand streichelte über ihre Wange.

»Gab es für dich auch einen Frank oder einen Hans auf dem Hof? Warst du einem Mann zugetan?«

»Nein, es gab niemanden. Und ich habe Lunas Beziehungen mit Hans und Frank gar nicht bemerkt.« Sie lächelte ihn schüchtern an und nahm seine Hand in die ihre, drehte ihren Kopf leicht und küsste Georgs Finger. »Ich bin froh, dass du mich in dein Haus gebracht hast, Georg.«

»Das brauchst du nicht zu sagen, meine Liebe. Stella, ich habe vorhin gehört, was du zu Luna gesagt hast.«

»Was denn?«

»Sie fragte dich, ob du mich irgendwann lieben könntest.«

»Ja, und?«

»Du bist mir gegenüber sehr loyal.« Er küsste ihre Lippen.

Sie dachte darüber nach, was er damit sagen wollte. »Du denkst, ich habe Luna angelogen, als ich ihr sagte, dass ich dich liebe?«

»Ja, das glaube ich.«

Stella dachte nach. Wann hatte sie ihm ihre Liebe gestanden? Noch gar nicht! »Oh«, sagte sie.

Georg hob die Augenbraue. »Was ist?«

»Ich glaub, ich habe etwas nachzuholen. Offensichtlich habe ich vergessen, dir etwas sehr Wichtiges zu sagen. Auch wenn es jetzt reichlich plump wirkt. Aber es muss einmal gesagt werden.« Sie räusperte sich, bevor sie weitersprach. »Georg, ich liebe dich. Egal, ob du mir glaubst oder nicht. Ich liebe dich, wenn du mit mir zusammen deine Lust auslebst. Ich liebe dich, wenn wir gemeinsam über Dinge diskutieren, die uns bewegen. Ich liebe dich, wenn du mich zu einem Motiv machst, um eine neue Postkarte zu entwerfen. Ich liebe dich, wenn du mich so ungläubig ansiehst, wie eben. Ich liebe dich einfach.«

Es entstand eine kurze Stille.

»Das sagst du doch nur so, oder?«

»Nein.«

»Stella, du machst mich verrückt. Du meinst… es ist nicht schlimm für dich, mit mir verheiratet zu sein?«

»Ich bin sehr glücklich, mit dir verheiratet zu sein. Du solltest lernen, zu glauben, was ich dir gesagt habe. So, wie ich ab jetzt glauben werde, dass ich nie mehr zu Lilly zurück brauche.«

Er zog sie in die Arme und küsste sie. Seine hungrigen Lippen saugten sich an ihrem Mund fest, während er ihr Kleid packte und zerriss. Langsam schälte er es von ihrem Körper, bis sie nackt vor ihm stand. Dabei küsste er die Hautstellen, die er freilegte, und kam zurück zu ihrem Mund, um diesen hungrig mit seiner Zunge zu erobern. Auch er entkleidete sich und sie nahm wahr, dass er hart war.

»Orangerie?«, hechelte sie zwischen seinen Küssen.

Er hob sie hoch und befahl ihr, mit ihren Beinen seine Hüften zu umschließen. Dann trug er sie zur Tür. Doch es war zu weit bis in die Orangerie. Er pfählte sich in ihre nasse Grotte und drückte sie an die Wand neben der Tür. »Nachher«, flüsterte er und rammte sich tiefer in sie.

»Hier ist wunderbar«, antwortete Stella und genoss wimmernd jeden seiner ungezügelten Stöße.

Nicht verpassen: kostenlos per Post ...

»Das versaute Naturtalent«

Die erotische Zusatzgeschichte

Schneide Dir die Postkarte aus
und schicke sie ausgefüllt zurück!